10 LIÇÕES SOBRE ADORNO

Dados Internacionais de Catalogação na Publicação (CIP)
(Câmara Brasileira do Livro, SP, Brasil)

Zuin, Antônio
　10 lições sobre Adorno / Antônio Zuin, Bruno
Pucci, Luiz Nabuco Lastória. – Petrópolis, RJ :
Vozes, 2015. – (Coleção 10 Lições)

　Bibliografia
　ISBN 978-85-326-5136-5

　1. Adorno, Theodor W., 1903-1969 – Crítica e
interpretação 2. Filosofia alemã 3. Teoria Crítica
I. Pucci, Bruno. II. Lastória, Luiz Nabuco.
III. Título. IV. Série.

15-07992　　　　　　　　　　　　　　　　　CDD-193

Índices para catálogo sistemático:
1. Adorno : Filosofia alemã　193

Antônio Zuin
Bruno Pucci
Luiz Nabuco Lastória

10 LIÇÕES SOBRE ADORNO

EDITORA VOZES

Petrópolis

© 2015, Editora Vozes Ltda.
Rua Frei Luís, 100
25689-900 Petrópolis, RJ
www.vozes.com.br
Brasil

Todos os direitos reservados. Nenhuma parte desta obra poderá ser reproduzida ou transmitida por qualquer forma e/ou quaisquer meios (eletrônico ou mecânico, incluindo fotocópia e gravação) ou arquivada em qualquer sistema ou banco de dados sem permissão escrita da editora.

Diretor editorial
Frei Antônio Moser

Editores
Aline dos Santos Carneiro
José Maria da Silva
Lídio Peretti
Marilac Loraine Oleniki

Secretário executivo
João Batista Kreuch

Editoração: Flávia Peixoto
Diagramação e capa: Sheilandre Desenv. Gráfico
Ilustração de capa: Studio Graph-it

ISBN 978-85-326-5136-5

Editado conforme o novo acordo ortográfico.

Este livro foi composto e impresso pela Editora Vozes Ltda.

Sumário

Introdução, 7

Primeira lição – Vida e obra, 11

Segunda lição – Estágio norte-americano: a música popular, os horóscopos e a personalidade autoritária, 21

Terceira lição – O ensaio e o aforismo como formas de expressão, 31

Quarta lição – As ruínas da ética consteladas na *Minima moralia*, 39

Quinta lição – A indústria cultural na *Dialética do esclarecimento*, 47

Sexta lição – A fricção do conceito com o não conceitual na *Dialética negativa*, 55

Sétima lição – Reflexões estéticas sobre o conteúdo de verdade da obra de arte, 65

Oitava lição – Caráter contraditório da educação: fato social e autonomia, 77

Nona lição – Adorno: leitor e crítico de Freud, 85

Décima lição – A questão da técnica nos escritos de Adorno em confronto com a tecnologia digital: ambivalências, 97

Conclusão, 105

Referências, 109

Sobre os autores, 115

Introdução

Detlev Claussen, no livro publicado em 2003 como parte das comemorações relativas ao centenário de nascimento de Theodor W. Adorno, utilizou o seguinte título para se referir ao pensador frankfurtiano: "Einleztes Genie", ou seja, ele identificou Adorno como o último gênio. Talvez, à primeira vista, possa parecer um certo exagero presente tanto na palavra gênio quanto na sua caracterização como sendo o último. Porém, em tempos de hegemonia da indústria cultural, quiçá não se trate de exagero asseverar que, de fato, Adorno possa ser assim identificado. Ironicamente, neste processo em que o valor de uso da produção simbólica é quase que subordinado por completo aos imperativos de seu valor de troca, a ponto de o espírito se danificar tremendamente e, assim, prejudicar o aparecimento de novos gênios, Adorno foi justamente um deles (talvez mesmo o último) que, ao lado do amigo Horkheimer, desvendou com tanta propriedade os aspectos objetivos e subjetivos de tal subordinação, bem como os desdobramentos históricos dos mais variados tipos de barbárie.

Nascido em Frankfurt am Main em 1903, Adorno demonstrava sinais de sua genialidade já na adolescência, tanto durante os estudos de música praticados ao lado da Tia Ágathe quanto no transcorrer da leitura das obras de Kant feitas com seu amigo Sigfried Kracauer nas tardes de sábado. Já na condição de estudante universitário, estudou Filosofia, Sociologia, Psicologia e Musicologia. Exatamente o domínio conceitual de tais áreas do conhecimento proporcionou-lhe o desenvolvimento de uma sutileza intelectual poucas vezes vista nos intelectuais do século XX, de tal modo que obras seminais foram elaboradas com consequências decisivas para o fortalecimento dessas mesmas áreas que fizeram parte de sua formação, além de várias outras, como Educação, Teoria Literária e Cinema. De fato, obras como *Teoria Estética*, *Dialética negativa*, *Minima moralia*, *A ideia de uma história natural*, *Três estudos sobre Hegel*, *A personalidade autoritária* e *Dialética do esclarecimento*, estas duas últimas escritas com outros pensadores, tornaram-se fundamentais para a compreensão das tensas relações entre a natureza e a cultura, entre o particular e o geral, de modo que não se podem entender os caminhos muitas vezes tortuosos da sociedade do século XX sem a leitura de tais obras de Adorno.

Justamente tamanha relevância fomenta a reflexão sobre a atualidade do pensamento instigante de Adorno. Já na *Dialética do esclarecimento*, em parceria com o amigo Max Horkheimer, Adorno alertava para o fato de que a publicidade deveria ser identificada como o elixir da indústria cultural. Nos tempos atuais, nos quais bilhões de *selfies* são postados a todo instante nas redes sociais, entende-se como essa consideração de Adorno e Horkheimer sobre a publicidade já se revelava premonitória. O mesmo raciocínio pode ser aplicado à atualidade do seu conceito de semiformação, sobretudo numa sociedade como a nossa, em que se torna cada vez mais difícil relacionar as informações obtidas por meio do acesso alucinante aos mais variados sites, que se sucedem sem que haja tempo para que o indivíduo possa refletir sobre elas e, assim, produzir novos conceitos. O ritmo frenético da internet e da própria vida faz com que dificilmente ocorra a passagem qualitativa das informações, obtidas pelos links, para a formação de relações conceituais.

Mas, evidentemente, tais considerações não podem ser aplicadas em uma relação de causa e efeito, de tal maneira que, caso isso ocorresse, o próprio pensamento de Adorno seria instrumentalizado como um produto qualquer da indústria cultural. É preciso investigar o modo como as atuais características históricas revitalizam o pensamento crítico de Adorno, na medida em que o próprio conceito de indústria cultural necessita ser repensado no contexto da sociedade do capitalismo transnacional, cuja produção da cultura ocorre por meio da mediação da tecnologia digital. Esse é apenas um exemplo do modo como o pensamento de Adorno não só é atual, como também suscita o surgimento de uma espécie de campo de força que tensiona a acomodação atual dos conceitos, fazendo-os ebulir para que novos desdobramentos nas áreas anteriormente destacadas sejam engendrados.

Em relação aos capítulos deste livro, o leitor poderá, através das 10 lições que o compõem, ter a oportunidade de encontrar não só relevantes destaques da vastíssima obra de Adorno, como também perceber que a genialidade de seu pensamento inquietante não se limita à temporalidade do século XX, mas sim permanece como uma constelação conceitual que alerta para o fato de que também no século XXI não há como se ter uma vida correta na falsa. Portanto, sua crítica à ideologia ainda ecoa, por mais que a atual razão instrumental tente silenciá-la por meio dos sons e cores berrantes da indústria cultural em tempos da era digital.

Primeira lição

Vida e obra

Theodor Wiesengrund Adorno nasceu em Frankfurt am Main, Alemanha, aos 11 de setembro de 1903. De origem judaica, seu pai, Oskar Wiesengrund, era comerciante atacadista de vinhos, e sua mãe, Maria Calvelli-Adorno, de descendência corso-genovesa, católica, tinha sido cantora profissional, antes do casamento. Com a família, morava a tia materna, Ágathe, uma pianista talentosa. As sinfonias dos clássicos, bem como os *Lieder* populares, acompanharam de maneira formativa e fecunda o desenvolvimento de sua infância, como também os estudos de sua educação fundamental.

A filosofia não demorou a aparecer em sua vida. Aos 15 anos, Siegfried Kracauer, intelectual próximo à família, o orientava na leitura da *Crítica da razão pura*, de Kant e aos 18 anos ingressava na Universidade Johann Wolfgang Goethe para cursar Filosofia. Em 1924, com 21 anos, defendeu a tese de doutorado, *A transcendência do objeto e do noemático na fenomenologia de Husserl,* sob a orientação de Hans Cornelius, filósofo e, ao mesmo tempo, pianista e autor de estudos sobre estética.

Durante sua formação científica não abandona a experiência musical e estética. Aos 16 anos, estuda composição no conservatório de Hoch, com Bernard Sekles. Com 22 anos, em 1925, estuda em Viena a música dodecafônica e "atonal" com os compositores de vanguarda Eduard Steuermann, Alban Berg e Anton Webern, do grupo de Schoenberg, e lá permanece por dois anos se aperfeiçoando na arte de compositor. De volta a Frankfurt, até os anos de 1933, acompanhou como crítico cultural a *Konzertleben* (vida musical) de sua cidade, escrevendo uma centena de pequenos artigos, hoje reunidos sob o título de "Críticas das óperas e concertos de Frankfurt". Entre 1928 e 1929 foi editor da Revista *Anbruch*, de Viena, em prol da música moderna e radical.

Como se vê, a filosofia e a música foram decisivas em sua vida científica e acadêmica. Ele mesmo, em carta ao escritor Thomas Mann, em 1948, assim se expressava: "Estudei filosofia e música. Em vez de me decidir por uma, sempre tive a impressão de que perseguia a mesma coisa em ambas". De fato, o rigor na composição de seus textos filosóficos, bem como a expressão estética dos mesmos, em forma de aforismos e de ensaios, manifestam a influência da música em suas análises e reflexões. Por sua vez, a filosofia negativa, como momento analítico e interpretativo, vai lhe proporcionar o eixo teórico-metodológico para abordar a obra de arte, seja ela musical ou não, na construção ou na fruição de seu enigma, de seu conteúdo de verdade.

Adorno conheceu Max Horkheimer, em 1922, com 19 anos e, no ano seguinte, conheceu Walter Benjamin, que tinha então 31 anos. Com Horkheimer, que se tornará diretor do Instituto de Pesquisa Social em 1930, Adorno compartilhará uma longa e frutífera experiência científica. Com Benjamin estreitará laços de amizade e de cooperação estético-filosófica a partir de 1927. Nesse período, até 1932, reuniam-se com frequência em Frankfurt e redondeza, liam e conversavam sobre seus escritos, correspondiam-se amiúde, alimentavam projetos comuns. Adorno familiarizou-se com temas e categorias criadas por seu amigo, e, em muitos de seus escritos posteriores, dialogou criticamente com Benjamin na construção de suas reflexões filosóficas e estéticas.

Sua *Habilitation* à docência na Universidade de Frankfurt se dá em 1931, com a tese "Kierkegaard: a construção da estética", sob a orientação de Paul Tilich e com a presença de Horkheimer na banca de defesa. Nesse mesmo ano, proferiu o discurso inaugural como assistente de Filosofia na Universidade J.W. Goethe com o título "A atualidade da Filosofia", em que apresenta, em forma de ensaio, um programa para a intervenção filosófica contemporânea, numa perspectiva teológico-materialista, no espírito de Benjamin e de Krakauer.

Sua primeira participação na *Revista do Instituto de Pesquisa Social*, sob a direção de Horkheimer, acontece em 1932, com um ensaio musical "A situação social da música", em que apresenta as linhas mestras de uma estética materialista da música como modelo para a práxis filosófica. Depois serão publicados outros ensaios analíticos sobre temas musicais ou estéticos na *Revista do Instituto*, entre eles: "Sobre o *jazz*", em 1936; "O caráter fetichista da música e a regressão da audição", em 1938; "Fragmentos sobre Wagner", em 1939; "A investida de Veblen à cultura", em 1941.

Leciona Filosofia na Universidade de Frankfurt até 1933, quando então teve sua licença cassada pelos nazistas, que haviam assumido o poder na Alemanha. Em 1934, é obrigado a deixar seu país e refugia-se na Inglaterra, na perspectiva de logo poder retornar à pátria. Em 1937, casa-se com Gretel Karplus, de Berlim, que o acompanha no exílio e até o final de sua vida. Utiliza-se de seu tempo de trabalho como estudante de inglês no Merton College, em Oxford, e produz a primeira versão de estudos sobre Husserl, que, em 1956, será publicado com o título *Metacrítica da epistemologia*: estudos sobre Husserl e as antinomias fenomenológicas.

Em 1938, a convite de Horkheimer, se transfere para Nova York, local em que se encontrava no momento o Instituto de Pesquisa Social, e trabalha, inicialmente, meio período do dia no projeto *The Princeton Radio Research* e o outro meio período no Instituto de Pesquisa Social. De 1938 a 1941, Adorno produziu textos críticos sobre a música no rádio, entre eles o ensaio "Sobre Música Popular", publicado na *Revista do Instituto* em 1941.

Nesse mesmo ano, após terminar seu trabalho no *The Princeton Radio*, a convite de Horkheimer, transfere-se para Los Angeles, onde desde o ano anterior se encontrava o Instituto de Pesquisa Social. Nessa cidade, em parceria com Horkheimer, se dedica prioritariamente à redação de um dos livros mais significativos do século XX, *Dialética do esclarecimento: fragmentos filosóficos*, que foi publicado em 1947, em Amsterdam, Holanda. De julho de 1943 a janeiro de 1947, colabora, como músico e filósofo, com Thomas Mann na redação do romance *Doutor Fausto*, a narrativa da vida de um compositor musical. Além de produzir outros escritos no período californiano, como *Filosofia da nova música*, 1945, *Composing for the films*, em parceria com Hanns Eisler, em 1947, compõe, de 1944 a 1947, um fascinante livro de crônicas filosófico-estéticas, *Minima moralia: reflexões a partir da vida danificada*.

De 1946 a 1949, em companhia de um grupo de psicólogos sociais e psicólogos clínicos da Universidade de Berkeley, Califórnia, desenvolve pesquisas empíricas sobre a dinâmica psíquica dos indivíduos nas condições culturais e políticas da sociedade norte-americana, e publica, em 1950, junto com o grupo, o livro *Personalidade autoritária: estudos sobre o preconceito*, reconhecido modelo de sociologia empírica. Em 1950, Adorno e Horkheimer estão de volta a Frankfurt, agora como professores catedráticos da Universidade J.W. Goethe. Em 1952, Adorno permanece por cerca de um ano em Los Angeles, como diretor científico da Fundação Hacker, em Berverly Hills; acompanha por três meses a coluna diária "Previsões Astrológicas" no *Los Angeles Times* e desse trabalho resulta o livro *As estrelas descem à Terra: a coluna de astrologia do* Los Angeles Times – *Um estudo sobre superstição secundária*, publicado nos Estados Unidos em 1957. Na segunda lição deste livro, analisaremos mais de perto a intensa produção científica de Adorno em solo americano.

De volta à Alemanha, em companhia de Horkheimer, se envolve na docência e na pesquisa e também na reorganização do Instituto de Pesquisa Social, no antigo prédio à Rua Victoria Allee, ao lado da Universidade de Frankfurt. Nas décadas de 1950 e de 1960, Adorno publica inúmeros escritos sobre filosofia e estética, entre eles: *Prismas: crítica cultural e sociedade*, 1955; *Dissonâncias: música do mundo administrado*, 1956; *Mahler: a fisionomia musical*, 1960; *Introdução à sociologia da música*, 1962; *Intervenções: novos modelos críticos*, 1963; *O jargão da autenticidade*, 1964; *Três estudos sobre Hegel*, 1969, e *Palavras e sinais: modelos críticos*, 1969. Destacamos, contudo, duas intervenções científicas de Adorno e três obras fundamentais, nas quais se manifestam a presença formativa do filósofo, do cientista, do músico e do educador.

A primeira intervenção se dá em 1961, quando participa do intenso debate com os positivistas e neopositivistas integrantes do Círculo de Viena, sob a liderança de Karl Popper, no encontro de sociólogos em Tübingen. O texto de Adorno, *A polêmica do positivismo na sociologia alemã*, de 1961, bem como o escrito de Ralf Dahrendorf *Anotações sobre a discussão* e as contribuições de Jürgen Habermas, testemunham a dimensão da polêmica do embate e o posicionamento lúcido de Adorno como defensor de uma ciência social crítica e comprometida.

A segunda intervenção destacada se dá por meio de uma série de palestras e de entrevistas desenvolvidas na Rádio de Hessen, de 1960 a 1969, publicada em 1971 pela Editora Suhrkamp, com o título *Erziehung zur Mündgkeit* e pela Editora Paz e Terra, em 1995, com o título *Educação e emancipação*. Fazem parte dessa coletânea os textos: *O que significa elaborar o passado*, 1960; *A filosofia e os professores*, 1961; *Televisão e formação*, 1963; *Tabus acerca do magistério*, 1965; *Educação após Auschwitz*, 1965; *Educação – Para quê?*, 1967; *A educação contra a barbárie*, 1968; *Educação e emancipação*, 1969.

Em relação às três obras fundamentais escritas por Adorno após seu retorno do exílio americano, a primeira se intitula *Notas de literatura*, que é composta por quatro volumes e cerca de 35 ensaios e 17 apêndices. Os três primeiros volumes foram organizados por Adorno e publicados nos anos de 1958, 1961, 1965. O quarto volume foi publicado postumamente, em 1974, e compreende nove ensaios e os 17 apêndices. Abre o primeiro volume o até então inédito texto *O ensaio como forma*, escrito entre 1954 e 1958, em que o autor questiona os estudos e as pesquisas que se detêm na questão metodológica e secundarizam objeto a ser investigado, e, ao mesmo tempo, propõe a forma ensaística como uma maneira de "proceder metodicamente sem método". O ensaio tornou-se a forma preferencial de Adorno construir sua filosofia. As *Notas de literatura* são, ao mesmo tempo, anotações fragmentárias e notas musicais, que abordam seus objetos, literários ou não, com a força penetrante dos conceitos e com a graça efêmera da exposição.

Em 1966, Adorno, a partir de Hegel e, ao mesmo tempo, contra Hegel, publica seu mais polêmico livro, *Dialética negativa*. Parte de Hegel, pois foi ele quem estruturou a dialética enquanto concepção teórico-metodológica do conhecimento; mas se contrapõe a Hegel, pois a prioridade no processo de conhecimento não é do espírito (razão) e sim do objeto, que se nega a ser manipulado pelo conceito. E se contrapõe ainda a Hegel e também a Marx, defendendo a prioridade da manutenção da negatividade e da crítica em uma sociedade que se furta à transformação. Contra Marx, que afirmava em sua 11ª Tese contra Fueurbach: "Os filósofos apenas interpretaram o mundo de diferentes maneiras; agora é preciso transformá-lo", Adorno resgata a especificidade da dialética negativa: "A filosofia que um dia pareceu ultrapassada, mantém-se viva porque se perdeu o instante de sua realização. [...]. Talvez não tenha sido suficiente a interpretação que prometia a transição prática" (2009, p. 11). Trataremos mais intensamente dessa temática na sexta lição.

Adorno assume a direção do Instituto de Pesquisa Social em 1967, com a aposentadoria de Horkheimer. Nos anos das rebeliões estudantis (1966-1968) acompanha criticamente a onda de protesto contra as estruturas autoritárias da universidade e da sociedade. Entra em confronto com os estudantes condenando a radicalidade e a imaturidade do movimento e protegendo o prédio do Instituto contra a invasão dos estudantes. Faleceu a 6 de agosto de 1969, em Visp, perto de Zermatt, Suíça, onde passava suas férias. Certamente as difíceis tensões com os estudantes tenham precipitado o seu fim.

Em 1970, foi publicado o livro *Teoria estética*, que mesmo inacabado, constitui seu principal escrito sobre a análise e a interpretação da obra de arte moderna. A organização do texto para a edição foi feita pela esposa Gretel e por Rolf Tiedmann. *Teoria estética* é a síntese amadurecida de sua experiência como músico e filósofo, de seus ensaios sobre literatura, arte e retórica, de seus conhecimentos de filosofia, literatura e composição. O livro escrito em forma de aforismos nos convida a uma nova maneira de analisar e interpretar uma obra de arte moderna. É preciso olhar muito para ela, captar seus detalhes, deixar-se perder em sua imanência, para que se nos revele seu conteúdo de verdade, sua relação crítica da sociedade de onde brotaram suas perspectivas de uma nova realidade social. Na sétima lição, voltaremos a tratar com mais detalhes as orientações de Adorno na abordagem estética de uma obra de arte.

Segunda lição

Estágio norte-americano: a música popular, os horóscopos e a personalidade autoritária

Adorno permaneceu como exilado nos Estados Unidos de 1938 a 1949. Como filho de judeu, lamentou a situação de extermínio que assolou seu povo na Alemanha de Hitler e experimentou em sua pele o pavor daquele que deveria ter sido assassinado no campo de concentração e que, por circunstâncias, não o foi, enquanto milhões de outros, o foram em seu lugar (cf. ADORNO, 2009, p. 300). Como intelectual, para sobreviver, teve que se adaptar a uma nova cultura cientificista e tecnologicamente avançada que o obrigava o tempo todo a experimentar o peso do que significava empiria, conforme relembra no ensaio de 1968, "Experiências científicas nos Estados Unidos" (1995, p. 177). A participação e o confronto com a civilização técnica mais avançada do mundo, em que predominava o rádio como meio de comunicação de massa, o *jazz* como música popular e a democracia como uma das características marcantes dessa sociedade, lhe fizeram bem profissionalmente como pesquisador e escritor. Vamos enfatizar três experiências significativas:

A primeira diz respeito à sua participação como pesquisador no *The Princeton Radio Research*, em Nova York, de 1938 a 1941. O projeto era financiado pela Fundação Rockefeller e o responsável junto à fundação financiadora era o alemão Paul Lazarsfeld. Tratava-se de uma pesquisa administrativa, que visava à coleta de dados junto aos ouvintes da música de rádio, para a planificação dos meios de comunicação de massas, em benefício da indústria da música popular, dos assessores culturais e de suas agremiações, ou seja, uma pesquisa "no marco do sistema comercial estabelecido nos Estados Unidos". Diz Adorno: "Sem dúvida que, no marco do *Princepton Project*, havia pouco espaço para a pesquisa social crítica" (1995, p. 142 e 143).

Iray Carone, incansável pesquisadora das produções científicas de Adorno no período de 1938-1949, nos traz considerações pertinentes sobre o rádio enquanto instrumento predominante de comunicação de massa nos Estados Unidos dos anos de 1940 e sobre a presença destacada da música popular americana nas emissoras radiofônicas. Segundo ela, os Estados Unidos nesse período possuíam três grandes redes de estações transmissoras e mais de 600 estações comerciais. Países europeus mais desenvolvidos, como a Alemanha de Hitler, contavam apenas com 30 emissoras, a Rússia do Bloco Soviético, com 80 emissoras, a Argentina, com 38. Os Estados Unidos tinham constituído um sistema próprio de transmissão, com sustentação financeira das programações através dos anúncios comerciais. Os programas musicais constituíam cerca de 60% das emissões radiofônicas e a música popular era a que ocupava mais tempo de transmissão. Justificava-se, pois, o investimento da *Rockfeller Foundation* de US$ 67.000 pelo período de dois anos no referido projeto (CARONE, 2011, p. 150).

Por sua vez, Adorno, no desenrolar de suas atividades científicas no projeto, se debatia contra o positivismo dos pesquisadores americanos: "Oponho-me a constatar reações, a medi-las, sem colocá-las em relação com os estímulos, isto é, com a objetividade à qual reagem os consumidores da indústria cultural; nesse caso, os radiouvintes" (1995, p. 143). E, como desempenhava parte de suas funções científicas no Instituto de Pesquisas Sociais e parte no *Radio Project*, buscava nos textos teóricos produzidos para o Instituto subsídios e experiências que o orientavam na pesquisa empírica sobre a música no rádio. E, de fato, em 1938, ele tinha publicado na *Revista do Instituto de Pesquisas Sociais* o texto "Sobre o caráter fetichista da música e a regressão da audição", e anteriormente, em 1937, tinha escrito o "Ensaio sobre Wagner".

Apesar de todas as dificuldades culturais que vivenciou no desenvolvimento do projeto, das tensões administrativas com Lazarsfeld e com os colaboradores na investigação, foram os anos de 1938-1941 um período fecundo em investigação e em produção científica. Merecem destaque no projeto os textos:

a) "Sobre música popular", publicado em 1941, em que desenvolve uma fenomenologia das canções de moda norte-americanas; no texto, apresenta, entre outros tópicos, a teoria da estandardização e a teoria da pseudoindividuação; a primeira argumenta que, na música popular, o ouvinte é despojado de sua espontaneidade pela construção esquemática da estrutura musical, que dita como ele deve ouvir, sem despender esforço e de maneira padronizada: "A composição escuta pelo ouvinte" (1986, p. 121). A pseudoindividuação é o correspondente da estandardização, que mantém os ouvintes enquadrados, fazendo-os esquecer que o que eles escutam é o que lhes é imposto pelas emissoras: "A música popular impõe os seus próprios hábitos de audição" (1986, p. 123).

b) *The Radio Simphony*: Adorno defende que a música sinfônica séria, quando transmitida pelo rádio, não é aquilo pelo qual se faz passar, seja pela deturpação provocada pelo meio técnico de audição, seja pelo tipo de escuta distraída e alienada; e que, em consequência, a pretensão da indústria radiofônica de difundir a música séria para o povo merece ser discutida. Adorno se mostra contrário a popularizar a música séria e/ou a "elevar" o nível da música popular. É claro que esse trabalho provocou indignação imediatamente entre os defensores da música clássica nas rádios.

c) *Current of Music: elements of a radio theory*, publicado apenas em 2006, pela Suhrkamp, na Alemanha. Trata-se de um dos relatórios-chave que subsidiaram suas produções científicas referentes ao período de 1938-1941. Segundo Carone, é no contexto das pesquisas do *Radio Project* que Adorno cria o conceito de Indústria da Música Popular, do qual resultará o conceito de "indústria cultural", adotado posteriormente, em 1946, no livro *Dialética do esclarecimento* (2013, p. 9).

A segunda experiência produtiva de Adorno nos Estados Unidos, que queremos destacar, se deu nos anos de 1946-1949, em equipe com psicólogos sociais e psicólogos clínicos da Universidade de Berkeley, Califórnia, em que foram desenvolvidos estudos e pesquisas empíricas sobre "a dinâmica psíquica dos indivíduos nas condições culturais e políticas da sociedade norte-americana" (ADORNO, 1995, p. 159). O capítulo "Elementos do antissemitismo", da *Dialética do esclarecimento*, escrito em parceria com Horkheimer, e também influenciado pelos escritos de Leo Lowenthal, foi determinante para sua participação nas investigações do *Berkeley Public Opinion Study Group*. Os pesquisadores de Berkeley, mesmo nunca duvidando da primazia dos fatores objetivos sobre os psicológicos, utilizam-se da psicologia social como um momento de mediação subjetiva do sistema social objetivo. Adorno elogia a maneira solidária e fraternal do desenvolvimento da pesquisa: "A cooperação em Berkeley não conhecia atritos, nem resistências, nem rivalidades entre eruditos" (1995, p. 162). Visavam eles "descobrir os traços essenciais e históricos do fascismo latente de cidadãos comuns, não participantes de organizações fascistas" (CARONE, 2002, p. 1-2). E ao conjunto das características psicossociais do sujeito preconceituoso foi dada a denominação de personalidade autoritária.

As técnicas de coletas de dados compreendiam questionários na forma de escalas de medição do antissemitismo, do etnocentrismo, do conservadorismo político e econômico e do fascismo; entrevistas de modelo clínico aplicadas a sujeitos com altas e baixas pontuações nas escalas de medição acima apontadas; testes de apercepção temática ou testes projetivos para a complementação dos dados obtidos pelas outras fontes. A amostra da pesquisa foi composta por um total de 2.099 sujeitos adultos, na faixa etária de 20 a 35 anos, nativos dos Estados Unidos, brancos, não pertencentes a minorias étnicas, não participantes de partidos ou milícias políticas, nem de grupos como associações de trabalho, com escolaridade média de 12 anos de estudos, pertencentes à classe média; e os questionários foram respondidos por escrito (cf. CARONE, 2002, p. 4). Participaram também da amostra dois grupos propensos a atitudes autoritárias: 110 presos de San Quentin e 121 pacientes de uma clínica psiquiátrica da Universidade da Califórnia, "pois – justifica Adorno – esperávamos que o conhecimento de estruturas patogênicas nos ajudasse, também aqui, a esclarecer os *normais*" (1995, p. 168).

A Escala F, de fascismo, foi o principal instrumento de captação da síndrome autoritária. Ela era composta por nove variáveis: a submissão à autoridade, a agressividade autoritária, o convencionalismo, a projetividade, a anti-introspecção, a preocupação com o comportamento sexual das pessoas, a valorização do poder e da dureza, a superstição e a estereotipia, a destrutibilidade (ou visão catastrófica do mundo) e o cinismo (cf. RUS-

CHEL, 1995, p. 251; CARONE, 2002, p. 6). As asserções eram indiretas e assumiam o caráter de "racionalizações para tendências irracionais", conforme expressa Adorno: "Passávamos horas inteiras imaginando dimensões, *variáveis* e síndromes, assim como determinados itens dos questionários, dos quais ficávamos tanto mais orgulhosos quanto menos relação pareciam ter com o tema principal, enquanto, por motivos teóricos, esperávamos encontrar correlações com o etnocentrismo, o antissemitismo e ideias reacionárias de ordem político-econômica" (1995, p. 165).

A personalidade autoritária prosseguiu em suas investigações através de estudos de casos que apresentaram pontuação muito alta (os fascistas latentes) e dos que tiveram pontuação muito baixa (os liberais). Uma amostra de 80 pessoas (40 homens; 40 mulheres) foi pesquisada pelo estudo clínico psicodinâmico (cf. CARONE, 2002, p. 7). Adorno regressou à Alemanha no final de 1949 e o livro *Personalidade autoritária: estudos sobre o preconceito* foi publicado pela Harper & Brothers, em Nova York, em 1950.

A terceira experiência produtiva de Adorno nos Estados Unidos se deu em 1952, quando passou cerca de um ano em Los Ângeles, como diretor científico da Hacker Foundation, em Bervely Hills, e acompanhou criticamente, por quatro meses, a coluna de astrologia do *Los Angeles Times*, escrita por Carroll Righter. O resultado desse trabalho de investigação foi o livro *As estrelas descem à Terra: a coluna de astrologia do* Los Angeles Times – *Um estudo sobre a superstição secundária*. Essa investigação mantinha continuidade com as pesquisas anteriores aqui examinadas. Assim como o *Radio Project*, a coluna de astrologia se inscrevia no contexto de uma cultura de massas; assim como na *Personalidade autoritária*, a astrologia comercial e estandardizada era um instrumento psicossocial de reforço a ideias conformistas e, de certo modo, se coadunava com o fascismo latente dos que aceitavam proposições supersticiosas diante de algum conteúdo ameaçador e destrutivo. Adorno explica:

> O método que segui foi o de colocar-me [...] na situação do astrólogo popular que [...] deve proporcionar a seus leitores um tipo de satisfação imediata e que cada dia enfrenta a dificuldade de dirigir, a pessoas que não conhece, conselhos aparentemente específicos, adequados a cada indivíduo (1995, p. 172).

Duarte (apud ADORNO, 2008), na apresentação do livro à edição brasileira, nos traz alguns elementos que mais chamaram a atenção de Adorno na análise da coluna astrológica: um deles é a intencional exploração da fraqueza do ego dos leitores, que, como tutelados esperam pelo conselho de seu preceptor para o que fazer do dia a dia. Outro é a conexão da coluna com a cultura de massas, particularmente com a indústria cinematográfica, designando-a como "fábrica de sonhos". O próprio Adorno menciona que o colunista Carroll Righter se tornou conhecido na época como consultor astrológico de vários atores e atrizes de Hollywood (p. 19 e 20).

Ao final do ensaio "Experiências científicas nos Estados Unidos", Adorno manifesta sua gratidão pessoal e intelectual pelo que aprendeu nos e dos Estados Unidos nos mais de dez anos que viveu nesse país. O contato crítico e as tensões com o positivismo na ciência, e com a cultura de massas americana, fizeram bem ao frankfurtiano. Diz ele: "Somente nos Estados Unidos, experimentei deveras o peso do que significa empiria, por mais que, desde cedo, me guiasse a consciência de que o conhecimento teórico fecundo só é possível em estreito contato com seus materiais" (ADORNO, 1995, p. 178).

Terceira lição

O ensaio e o aforismo como formas de expressão

Para melhor compreendermos a opção de Adorno pelo ensaio como forma ou estilo preferencial para a expressão de seu pensamento, deve-se levar em consideração ao menos três aspectos: o caráter interdisciplinar intrínseco ao projeto de teoria social levado a cabo pelo Instituto de Pesquisa Social de Frankfurt; a biografia pessoal do filósofo; e, finalmente, a adequação necessária entre forma e conteúdo, pois a forma não deve ser vista como mero acidente em relação ao conteúdo, e sim como a própria sedimentação deste. A forma ensaística se caracteriza exatamente por permitir o livre trânsito entre diferentes disciplinas (filosofia, sociologia, psicanálise), e diferentes esferas culturais (ciência e arte), de modo que sua tessitura se constitua através de um toque artístico apontando para a disposição do material abordado sob a peculiar forma de uma constelação.

Conforme exposto na primeira lição deste volume, Adorno cresceu num ambiente familiar marcado pela música. Filho único de uma cantora profissional, conviveu, desde muito cedo, com sua tia materna que era uma exímia pianista. Aos 16 anos ingressou no conservatório de Hoch sob a tutela de Bernard Sekles, e aos 22 anos, tornou-se aluno de Alban Berg em Viena, aproximando-se do então círculo musical de Schoenberg. Entre 1921 e 1932, publicou cerca de uma centena de artigos sobre música. Sua sólida formação musical e filosófica, sensual e intelectual, rendeu-lhe a convicção de que a realidade não poderia oferecer nenhuma pátria ao espírito. De outra parte, as formas constitutivas do domínio da arte, da estética musical em particular, cintilaram para ele como algo paradigmático tendo em vista a produção do conhecimento.

Nietzsche já havia chamado atenção para a evidência de que o desenrolar saltitante, dançante, por assim dizer, do próprio pensamento toma a forma do aforismo[1]. Adorno se serviu do aforismo em vários de seus escritos. No entanto faz-se necessário

---

1. Vale lembrar, como o fez historiador C. Ginzburg, que uma famosa obra do médico grego Hipócrates intitulava-se *Aforismos*, e que a desconfiança em relação ao "pensamento sistemático veio acompanhada pelo destino do pensamento aforismático – de Nietzsche a Adorno" (GINZBURG, p. 178, 1999). Portanto, o estilo aforismático se vincula a um modo específico de diagnosticar problemas no corpo orgânico ou social a partir de vestígios, índices, pistas.

sublinhar que se é verdade que todo aforismo procede de forma ensaística, o inverso não é verdadeiro na medida em que o primeiro consiste apenas numa subcategoria do segundo. Isto é: nem todo ensaio se constitui de aforismos. Mas é certo que uma das características mais eloquente do ensaio, seja ele aforismático, ou não, é a de possibilitar a expressão viva da experiência do pensamento sem diluí-la em arte. E, a expressão viva da experiência do pensamento, por sua vez, adquire relevância capital para que o próprio pensamento ressoe enquanto voz do particular. Questão central para Adorno que se via às voltas com o emudecer dos indivíduos acometidos pelo processo social de massificação sob a batuta das tecnociências.

Por outro lado o pensamento expresso de modo ensaístico não se deixa capturar por nenhum sistema fechado no interior do qual cada objeto deve possuir o seu lugar predeterminado. Em termos epistemológicos, pode-se dizer que por meio dessa rebeldia estilística o pensamento procura corrigir-se, fazer justiça ao que lhe escapa lateralmente quando de seu mergulho em direção ao mais íntimo do objeto. Nesse sentido, Adorno observou em sua *Dialética negativa* que:

> Apesar de o individual não poder ser deduzido a partir do pensamento, o cerne do individual seria comparável com aquelas obras de arte individualizadas até o ex-

tremo que recusam todo esquema e cuja análise reencontra no extremo de sua individuação os momentos do universal [...]" (2009, p. 140).

Ao proceder até certo ponto de modo sistemático, porém, recusando-se o encapsular sistêmico, o momento unificador próprio à atividade do pensamento se desembaraça das abstrações lógicas enquanto princípio diretor supremo. E, desse modo, permite que os conceitos requeiram uns aos outros por afinidades eletivas[2], perfazendo uma constelação: uma arquitetônica em que o tema somente se revela por intermédio do ciclo de variações que o desenvolve. "Essa constelação ilumina o que há de específico no objeto e que é indiferente ou um peso para o procedimento classificatório" (ADORNO, 2009 p. 140). Somente que a "constelação" de que fala Adorno, não obstante a conotação ótica dessa metáfora, aponta para a experiência sonora advinda de sua formação musical. Assim, a estética musical fornece o paradigma para que a exterioridade da forma possa representar, exatamente, aquilo que

---

2. *Afinidades eletivas* é o título de uma obra de J.W. Goethe publicada em 1809. Alude ao campo daquelas escolhas "naturais" e "espontâneas", vale dizer, não totalmente conscientes, que, tal como ocorre na química quando dois elementos associados, na presença de dois outros, se desagregam para formar outros dois, fazemos no terreno das identificações afetivas.

o conceito produzido pela lógica da identidade é obrigado a amputar desde o interior do objeto.

Em suas *Notas de literatura*, título que mais uma vez alude às notas de uma partitura musical, especificamente no texto "O ensaio como forma", Adorno se referiu explicitamente ao *status* problemático do ensaio do ponto de vista acadêmico, especialmente na Alemanha, sua terra natal. Segundo ele, tratar-se-ia de uma forma suspeita tanto aos olhos da "boa" filosofia, na medida em que o ensaio não se deixa vestir com a dignidade do universal, como aos olhos da ciência, dadas a sua liberdade e rebeldia em termos de método; visto que a forma ensaística "não admite que seu âmbito de competência lhe seja prescrito" (ADORNO, 2003, p. 16). Vale dizer, à liberdade de que goza o ensaio em termos puramente formais fazem parte tanto a felicidade como o jogo criativo, ainda que, nesse caso, não se trate de criar artisticamente algo novo, mas sim de refletir conceitualmente sobre algo já realizado: "Seus conceitos não são construídos a partir de um princípio primeiro, nem convergem para um fim último" (2003, p. 17).

Tal suspeita é reforçada pelo argumento segundo o qual o tipo de interpretação que dele resulta padece do estigma de apenas desorientar a inteligência em favor de devaneios impotentes, chegando às raias da irresponsabilidade. Pois, aos olhos dos inspetores acadêmicos de plantão diante dessa forma supostamente inapropriada para a expressão rigorosa do pensamento, o ensaio apenas "implica onde não há nada para explicar" (2003, p. 17).

Adorno também insistiu que, não obstante a separação histórica entre a ciência e a arte, ambas autonomizadas enquanto esferas culturais com regras próprias a partir da Modernidade, essa separação não deveria ser jamais hipostasiada. Pois por meio de tal atitude não se chega a absolver uma cultura cujo cerne se caracteriza, contraditoriamente, pela administração de seus diversos ramos e setores. As chamadas ciências do espírito (*Geistwissenchaften*) costumeiramente pecam ao não cumprirem com aquilo que prometem: "iluminar as suas obras desde dentro" (2003, p. 24). O mesmo se passa com ciências da natureza (*Naturwissenschaften*):

> Mesmo as doutrinas empiristas, que atribuem à experiência aberta e não antecipável a primazia sobre a rígida ordem conceitual, permanecem sistemáticas na medida em que definem condições para o conhecimento, concebidas de um modo mais ou menos constante, e desenvolvem essas condições em um contexto o mais homogêneo possível (2003, p. 24).

Em relação ao primeiro caso – as ciências do espírito – Adorno advogará em prol do ensaio argumentando que por essa via se pode alçar à luz uma sabedoria possível acerca da efêmera experiência daquilo que escapa a quaisquer generalizações: o particular em sua integridade. Enquanto que no segundo, põe em questão o direito incondicional do método sobre o próprio pensamento. Desse modo, o ensaio manteria afinidade com o não idêntico e com o não todo. A forma ensaística, ao contrário da suposta improdutividade como alardeado pelos seus detratores, é a forma que se presta à crítica epistemológica por excelência; ainda que não lhe seja próprio oferecer algo de tão consistente em termos cognoscitivos, ou mesmo algo "definitivo". No entanto "em sua modéstia", e aqui Adorno faz suas as palavras de Lukács, o ensaísta "se conforma ironicamente a essa pequenez, à eterna pequenez da mais profunda obra do pensamento diante da vida" (LUKÁCS, 1911, apud ADORNO, 2003, p. 25).

Ao se desvencilhar da ideia tradicional de verdade, o ensaio se despede, por sua vez, do espartilho do método. Aprofunda-se livremente no objeto ao invés de reduzi-lo a outra coisa mediante operações lógicas. E, em seu mergulho livre, depara-se com a sociedade sedimentada nas diversas camadas constitutivas do objeto sobre o qual trabalha. Tais camadas, imediatamente perceptíveis na topografia do objeto, conduzem o pensamento de modo mais ou menos assistemático. Este as faz desprender daquela topografia enquanto mediações históricas que concretamente são. Não obstante, a forma, o "'como' da expressão deve salvar a precisão sacrificada pela renúncia à delimitação do objeto, sem, todavia, abandonar a coisa ao arbítrio de significados conceituais decretados de maneira definitiva" (ADORNO, 2003, p. 29).

De outra parte, o ensaio exige que os conceitos mobilizados interajam de alguma forma no desenrolar do pensamento. Como vimos, isso obriga ao pensamento expresso de modo ensaístico a construir a sua própria tessitura conceitual. Elementos conceituais discretos e separados entram em relação, requerendo-se mutuamente por certo tipo de configuração que, embora lacunar, os impele à inteligibilidade. Esse tipo de configuração particular atua como um campo de forças e recebe o nome de "constelação".

Quarta lição

As ruínas da ética consteladas na *Minima moralia*

"Reflexões a partir da vida danificada" (Reflexionen aus dem bechädigten Leben) constitui o subtítulo de *Minima moralia* (1951), obra escrita entre 1944 e 1947 por Adorno, durante os anos do exílio nos Estados Unidos, e, ao mesmo tempo, a expressão sintética de seu diagnóstico acerca da totalidade social, compreendida enquanto concretização maior alcançada no processo de objetivação racional da humanidade. Constituída de três partes e redigida em aforismos que versam sobre os mais diversos temas e situações aparentemente insignificantes da vida cotidiana, essa obra encerra o seu mais significativo legado no âmbito da reflexão sobre a moralidade contemporânea.

O ponto nevrálgico das questões morais sobre o qual incide o pensamento de Adorno traz à tona o problema filosófico maior de se saber o quão racional é a suposta racionalidade inerente ao desenvolvimento das estruturas sociais; estruturas essas que se materializam no âmbito do conjunto das relações travadas entre os homens no interior da sociedade. Por esse motivo ele insistirá, juntamente com Horkheimer, na *Dialética do esclarecimento*, que a tarefa premente da filosofia seria a de retomar "a exigência clássica de pensar o pensamento" (1985, p. 37), pois somente percorrendo essa via, aparentemente anacrônica, o pensamento poderia ainda alçar à autoconsciência o processo de reificação, no qual se encontra enredado. De outra parte, ao proceder à tarefa de autorreflexão crítica, a filosofia se vê impelida a assumir a responsabilidade pelo quinhão que lhe cabe na divisão social do trabalho frente às catástrofes, das quais Auschwitz se tornou emblemática, que se abateram sob a humanidade em meio à atmosfera cultural do esclarecimento. Em outras palavras, Adorno reclama pela responsabilidade moral da filosofia perante os genocídios e as dores das feridas expostas, as quais foram causadas pelo desenvolvimento social comandado por uma racionalidade técnica e erigido sob as bases formais do direito.

A convicção de que o pensamento filosófico não deveria mais sobreviver refugiando-se na grandiosidade autárquica e rarefeita dos sistemas lógico-conceituais, que é capaz de arquitetar, levou Adorno a inverter a fórmula hegeliana segundo a qual o verdadeiro e a totalidade coincidem. No vigésimo nono aforismo da *Minima moralia* ele afirmou categoricamente: "O todo é o não verdadeiro" (1992, p. 42). E, no aforismo quadragésimo quinto, argumentou acerca do pensamento dialético:

> O que a dialética deseja é pregar uma peça nas opiniões saudáveis nutridas pelos mais recentes detentores do poder acerca do caráter inalterável do curso do mundo [...], [pois a] razão dialética, contrária à razão dominante, é desrazão: é tão somente na medida em que desmascara e suprassume (*aufhebt*) a razão dominante que ela própria se torna racional (1992, p. 62).

Retirar a máscara da razão dominante, que assevera o "caráter inalterável do curso do mundo", constitui o gesto elementar para uma possível "moralidade do pensamento". Porém, ao realizar esse gesto o próprio pensamento ver-se-á impossibilitado de atingir sua plena legitimação nesse mundo, motivo pelo qual irá se defrontar com o seguinte paradoxo: para se autoafirmar a partir do gesto moral tornado consciente, e que lhe é intrínseco, terá de se esgueirar da moralidade vigente. Se não é possível ao pensamento saltar para fora do círculo da moralidade, já que para Adorno – na trilha aberta por Nietzsche – a neutralidade seria mais metafísica do que a metafísica, resta-lhe então assumir, de uma perspectiva autocrítica, o caráter axiológico implícito em sua própria *dynamis*.

A moral minimalista implícita em atitudes, por vezes triviais, como bater uma porta, recomendar um emprego ou simplesmente perseguir certo modo de vida tido como supostamente saudável; e, por vezes, não triviais como terminar um relacionamento afetivo, presentear um amigo ou buscar ascensão profissional, reluziu como condição sintomática do estado cultural de toda uma época frente ao olhar estrangeiro e solitário, próprio à posição do intelectual no exílio. Dos 153 aforismos que integram a constelação por intermédio da qual as *minima moralia* se deixam armar, gravitando em torno do tema central – a impossibilidade de uma vida reta ou justa –, talvez o de número 18 seja o que nos remeta mais diretamente, embora não menos metaforicamente, ao tema da ética. Esse aforismo se intitula "Asilo para desabrigados" e aborda a impossibilidade de morar, de abrigar-se, de se sentir em um lar.

Como sabemos a palavra ética provém de uma transliteração das palavras gregas ηθος e εθος, cujos significados nos remetem para "morada" (compreendida em sentido lato no caso da primeira palavra, e em sentido especificamente humano no caso da segunda). No referido aforismo, Adorno nos fala da casa enquanto cenário da vida privada; e equipara a sua condição de exilado às normas sociais prescritas numa atmosfera cultural, em que o pragmatismo e a objetividade terminam por decretar a impossibilidade de habitar subjetivamente um espaço objetivo qualquer. Conforme sua percepção: "A casa é coisa do passado". E, se assim o é:

> A destruição das cidades europeias, assim como os campos de trabalho forçados e de concentração, apenas dá prosseguimento, como executores, àquilo que o desenvolvimento imanente da técnica há muito já decidiu acerca das casas. Estas são como as latas de conserva velhas, só servem para serem jogadas fora (1992, p. 32).

Ora, quando compreendemos que desde as vilas operárias, passando pelas casas pré-fabricadas, até os atuais apartamentos *clean*, considerados de "alto padrão", presenciamos algo de sintomático próprio a uma atmosfera cultural que, sub-repticiamente, nos desacostuma de nos sentirmos subjetivamente abrigados em nosso espaço privado, então, compreendemos algo ainda mais decisivo: não pode haver ética quando nos privamos de nosso próprio *ethos*, de nossa própria morada.

Se no conjunto de sua obra Adorno preferiu se referir à moral, ao invés de se referir à ética, enquanto uma abordagem sistemática acerca da dimensão axiológica que permeia as relações sociais no interior de uma cultura determinada, ele o fez por dois motivos que lhes pareceram óbvios: o primeiro diz respeito à impossibilidade hodierna de a filosofia prosseguir, na trilha inaugurada por Aristóteles, o intento de sistematização de uma teoria acerca da vida reta (ou justa), uma vez que não poderia haver nenhuma vida correta na falsa. Nesse sentido, a seu ver, não restaria outra coisa ao pensamento filosófico, diante dos problemas prático-morais contemporâneos, a não ser a reflexão da moral concreta pela via da negatividade. O segundo motivo diz respeito à insuficiência da própria racionalidade, sobretudo daquela instaurada a partir da modernidade cultural, para apreender as questões morais de um ponto de vista substantivo. Reduzida ao formalismo lógico, a uma carcaça vazia, a razão mesma claudica ao penetrar os casos particulares sob seu juízo. De outra parte, sua vocação para a totalidade lhe confere uma característica da qual não se pode abdicar: o seu ímpeto de transcender a particularidade concreta em direção ao universal.

Ora, será justamente o problema da mediação entre a particularidade dos casos concretos *sub judice* e a universalidade abstrata pressuposta pela igualdade formal do direito que terminará por deflagrar a insuficiência das doutrinas éticas, em suas diferentes versões na tradição filosófica, aos olhos de Adorno. Problema que traz à tona o divórcio histórico ocorrido entre as dimensões do *ethos*, compreendido enquanto hábito de retornar ao mesmo local – morar –, apelando ao caráter individual, e da ética enquanto elaboração filosófica; o que, por sua vez, se reflete nas contradições abertas com a modernidade cultural entre a moralidade privada e a moralidade pública, entre a liberdade e a lei. Logo, refletir acerca do "'problema social da disjunção do interesse universal e particular' [...] seria, ao mesmo tempo, o problema da filosofia moral" (ADORNO, 2003, apud SHEWEPPENHÄUSER, p. 396).

Embora Adorno não tenha se empenhado em estabelecer uma ética nos moldes de uma reflexão racionalmente fundamentada sobre a moral, pelos motivos acima expostos, sua obra não deixa de ser permeada por uma inegável dimensão ética. Tal dimensão transparece já na primeira frase introdutória à sua *Dialética negativa*: "A filosofia, que um dia pareceu ultrapassada, mantém-se viva porque se perdeu o instante de sua realização" (2009, p. 11). O instante perdido ao qual se refere Adorno compreendeu a previsão materialista da realização da filosofia pela práxis histórica. Ao invés disso o catastrófico século XX colocou a filosofia no banco dos réus. Portanto, como bem observou Türcke, a permanência contemporânea da filosofia se deve a uma indelével perda: "As duas guerras mundiais, o fascismo, os campos de concentração, incluem um juízo fatal sobre a própria filosofia" (2004, p. 46). Cônscia de seu fracasso histórico na qualidade de advogada da razão, não lhe resta outra possibilidade digna senão a de prosseguir suportando a má consciência de si e de seu entorno social.

A aguda percepção de Adorno quanto à periclitante condição da filosofia no cenário mundial contemporâneo o levou a praticá-la nos marcos de uma "ética do pensamento", que, em nome da dor física, "recusa-se à supressão idealista da fratura instaurada historicamente entre o particular e o universal, tanto no âmbito rarefeito das conceituações lógicas quanto no plano da justiça" (LASTÓRIA, 2004, p. 144-145). Pois, para Adorno, o pensamento dialético não é outra coisa senão: "a consciência consequente da não identidade. [...]. O pensamento é impelido até ela a partir de sua própria inevitável insuficiência, de sua culpa pelo que pensa" (2009, p. 13). Compreendendo assim a permanência histórica da filosofia no presente, bem como a imprescindibilidade do pensamento crítico para a efetivação de uma práxis consequente, Adorno entronizou o gesto moral em sua perspectiva filosófica. Pois, para ele: "O que há de doloroso na dialética é a dor em relação a esse mundo, elevada ao âmbito do conceito" (2009, p. 13).

Quinta lição

A indústria cultural na *Dialética do esclarecimento*

Durante a transmissão de conferências radiofônicas proferidas em 1962, na Alemanha, Adorno, afirmou o seguinte: "Tudo indica que o termo indústria cultural foi empregado pela primeira vez no livro: *Dialektik der Aufklärung* (*Dialética do esclarecimento*), que Horkheimer e eu publicamos em 1947, em Amsterdã" (1986, p. 92). Quinze anos após a publicação da *Dialética do esclarecimento: fragmentos filosóficos*, Adorno tinha plena consciência da importância que tal conceito adquirira, uma vez que seus desdobramentos já podiam ser observados em várias áreas do conhecimento, tais como Filosofia, Sociologia, Psicologia, Educação, Literatura, Comunicação.

De fato, o conceito de indústria cultural adquire tamanho vulto que, assim que os nomes de Adorno e Horkheimer são mencionados, há uma associação imediata com o *insight* decisivo que tais pensadores elaboraram em relação à forma de produção e comercialização dos chamados produtos culturais, na sociedade capitalista contemporânea. Durante sua trajetória histórica, o conceito de indústria cultural foi muitas vezes erroneamente reduzido ao termo cultura de massa. Mas o próprio Adorno alertou para a necessidade de diferenciar a indústria cultural de tal conceito:

> Abandonamos essa última expressão (cultura de massa) para substituí-la por "indústria cultural", a fim de excluir de antemão a interpretação que agrada aos advogados da coisa; estes pretendem, com efeito, que se trata de algo como uma cultura surgindo espontaneamente das próprias massas, em suma, da forma contemporânea da arte popular. Ora, desta arte a indústria cultural se distingue radicalmente (1986, p. 86).

Essa advertência é muito significativa, por enfatizar a diferença entre indústria cultural e cultura popular, e, por conseguinte, entre aquela e a denominada cultura erudita; o próprio Adorno (1986) asseverou que a indústria cultural força a união dessas produções com enormes prejuízos para ambas. De fato, quando a indústria cultural se apropria dos elementos das culturas erudita e popular, o que se tem é o arrefecimento dos potenciais críticos de ambas, na medida em que clichês são criados para facilitar a apreensão rápida e palatável de seus consumidores.

Exatamente essa ênfase no desvelamento do véu ideológico da espontaneidade é que deve ser destacada em relação à produção e ao consumo das mercadorias culturais, pois essas mesmas produções, cujos detalhes são propagandeados como propriedades exclusivas de cada uma delas, já se igualavam entre si em meados do século XX. De acordo com Adorno e Horkheimer,

> o esquematismo do procedimento mostra-se no fato de que os produtos mecanicamente diferenciados acabam por se revelar sempre como a mesma coisa [...]. As vantagens e desvantagens que os conhecedores discutem servem apenas para perpetuar a ilusão da concorrência e da possibilidade de escolha (1985, p. 116).

É interessante observar que a ilusão da possibilidade de escolha é ironicamente observada por Adorno tanto em relação às supostas diferenças do número de cilindros das séries de produção de automóveis da Chrysler® e da General Motors® quanto do número de *stars* das grandes produções cinematográficas hollywoodianas da época. Essa percepção sobre a ilusão da espontaneidade fez com que, na elaboração do próprio conceito de indústria cultural, estivessem presentes os pressupostos de uma teoria crítica da ideologia da cultura em tempos de sua mercantilização hegemônica. Impressiona o modo como Adorno vai descortinando o véu ideológico da espontaneidade do produto, bem como do suposto livre-arbítrio dos consumidores dos filmes de Hollywood:

> Enquanto o processo de produção no setor central da indústria cultural – o filme – se aproxima de procedimentos técnicos através da avançada divisão do trabalho, da introdução de máquinas, e da separação dos trabalhadores dos meios de produção [...] conservam-se também formas de produção individual. Cada produto apresenta-se como individual; a individualidade mesma contribui para o fortalecimento da ideologia, na medida em que se desperta a ilusão de que o que é coisificado e mediatizado é um refúgio do imediatismo e da vida (1985, p. 94).

A indústria cultural não pode ser reduzida exclusivamente ao termo indústria, pois, porta consigo, ideologicamente, a cultura enquanto promessa de afirmação da individualidade. Contudo, a crítica da ideologia da tal promessa revela o modo como tal afirmação da individualidade ocorre num terreno absolutamente pantanoso. Quando o consumidor da indústria cultural estufa o peito e assegura a todos que, por exemplo, prefere os filmes de ficção científica aos de faroeste porque os primeiros são mais apropriados ao seu jeito de ser, às suas idiossincrasias, esforça-se para não se defrontar com o fato de que tais filmes não são tão diferentes entre si. Ao invés das naves estelares, temos as carruagens, ao invés de duelos com armas *laser* dos extraterrestes, temos os tiros disparados pelo revólver do *sheriff*. Porém, tal "diferenciação" é inevitavelmente dirimida pelo modo de tais filmes se igualarem nas histórias das mocinhas, raptadas e libertadas no indefectível *happy end*, não, sem antes, os heróis sofrerem o inferno para no final usufruírem da redenção divina. Assim, o filme que se apresenta como o imediatismo da vida, das particularidades de seus consumidores, na verdade encontra-se subsumido pela lógica da produção da mercadoria, desde o momento de sua concepção.

Diante deste quadro, surge a seguinte questão, colocada por Adorno em muitos momentos na elaboração de sua crítica à ideologia da indústria cultural: Por que os indivíduos que consomem seus produtos insistem em referendar esta ideologia que, na verdade, os escraviza? Evidentemente, a resposta a uma questão como essa não pode permanecer exclusivamente atrelada à fundamental esfera objetiva da produção e consumo dos bens culturais – expressão esta que, talvez, exemplifique claramente o que a cultura, de fato, se tornou. Faz-se necessário relacionar tal esfera com elementos subjetivos que são também determinantes no processo de autoengodo do consumidor dos produtos da indústria cultural. A palavra autoengodo revela-se adequada pelo fato de os consumidores dos produtos da indústria cultural empregarem suas forças para continuarem a consumir tais produtos. Em muitas ocasiões, eles têm consciência da falsidade da promessa da indústria cultural sobre a realização do desejo mediante o consumo, mas, mesmo assim, insistem em tal ilusão, de modo a viverem cada vez mais ativamente a própria passividade. Daí a famosa conclusão de Adorno e Horkheimer, na *Dialética do esclarecimento*, de que: "A indústria cultural não sublima, mas reprime [...]. Não há nenhuma situação erótica que não junte à alusão e à excitação a indicação precisa de que jamais se deve chegar a esse ponto" (1985, p. 131).

Não por acaso, Adorno e Horkheimer compararam os mecanismos da indústria cultural com o mito de Tântalo. Ao ser amaldiçoado pelos deuses por ter furtado seus manjares, o herói mitológico foi condenado à frustração eterna, pois toda vez que sentia sede e tentava tomar água, ela se afastava dele; todas as vezes que desejava comer os frutos de uma árvore, eles se recolhiam imediatamente. A lógica de funcionamento da indústria cultural se assemelha à tragédia de Tântalo porque, mesmo expostos a todos os estímulos sexuais presentes, na época da *Dialética do esclarecimento*, nas revistas de fofoca e nos filmes, os consumidores têm consciência de que jamais se relacionarão efetivamente com as estrelas de cinema, pois eles terão "que se contentar com a leitura do cardápio" (1985, p. 131).

O problema é que, de lá para cá, os cardápios estão se tornando cada vez mais audiovisualmente sofisticados, pois fornecem mesmo a impressão de que não é apenas o pré-prazer que é "satisfeito" cada vez que se consomem os produtos da indústria cultural, mas sim o prazer. A sofisticação dos atuais *gadgets* da indústria cultural fortalece a ilusão de que finalmente os novos Tântalos não só alcançaram, como também se deliciam com os frutos, tal como pode ser observado na reação das crianças e, também, dos adultos, que estendem as mãos para poder "tocar" as imagens projetadas nas telas de cinema 3D. Contudo, mesmo nos tempos de agora ecoam as palavras de Adorno de que não podemos concluir que a espontaneidade foi absolutamente substituída pela aceitação cega dos produtos da indústria cultural, por mais sofisticados que esses sejam. Mais do que nunca, ainda faz sentido a sábia afirmação de que: "Para ser transformado em inseto, o homem precisa daquela energia que eventualmente poderia efetuar a sua transformação em homem" (ADORNO, 1986, p. 146).

Sexta lição

A fricção do conceito com o não conceitual na *Dialética negativa*

A ênfase no momento da negação da dialética acompanha Adorno desde seus escritos filosóficos da década de 1940, como "A atualidade da Filosofia" (1931), *Minima moralia* (1944-1947), "O ensaio como forma" (1954-1958) e tantos outros; mas é em 1966 que o filósofo frankfurtiano sistematiza em forma de livro sua concepção de dialética negativa. Por sua vez o livro, não obstante seguir os padrões de um tratado de filosofia – Prefácio, Introdução, Parte I – Relação com a Ontologia; Parte II – Dialética negativa: conceito e categorias; Parte III – Modelos de dialética negativa – é todo ele constituído por uma infinidade de pequenos ensaios ou aforismos. Nesse livro eminentemente filosófico, o autor, para construir sua teoria crítica, dialoga com pensadores e intelectuais do passado e de seu tempo, sobretudo com Kant, Hegel, Marx, Weber, Heidegger, Husserl e Freud. Vamos demarcar, nesta lição, em seu diálogo especificamente com Hegel, contrapontos fundamentais na constituição da dialética negativa.

A dialética, enquanto instrumento de a filosofia expor seus conceitos e fundamentar sua argumentação, existe desde os pré-socráticos; Heráclito viveu de 535 a 475 a.C. Mas foi Hegel (1770-1831), nos inícios do século XIX, quem a sistematizou como uma concepção metodológica do conhecimento. A dialética hegeliana tenta captar o movimento que existe nos conceitos e na realidade histórica, através da contradição interna entre os momentos de sua constituição: aquilo que se mostra aos nossos sentidos como indício de verdade – o momento da tese – é apenas aparência; uma manifestação abstrata; precisa ser negado como verdade. Por sua vez, a antítese, enquanto momento primeiro da negatividade, provoca a tensão e o movimento no processo de vir a ser; mas a realização primeira da verdade dialética não está na antítese e sim, no passo seguinte, na síntese; este, momento superior da tríade hegeliana, expressa, ao mesmo tempo, três dimensões do novo conceito: é negação da negação, ou seja, se contrapõe à antítese, negando-a; representa um estágio superior em relação aos anteriores; e incorpora em sua nova constituição elementos da tese e da antítese. A síntese, enquanto o conceito resultante desse processo dialético, é a expressão da verdade e do concreto, como resultado de múltiplas determinações. Para Hegel, o movimento dialético enquanto um todo se manifesta como a *ciência da experiência da consciência*: é o espírito subjetivo (a consciência, a razão) que se realiza nas experiências dos homens em suas contradições históricas (espírito objetivo) e que, ao retornar-se a si (espírito absoluto) reconhece o processo histórico dos homens como ação efetiva de si mesmo, estabelecendo uma identidade entre o conceito e seu objeto. O conceito, resultado da experiência da consciência, é o todo, a verdade; o objeto, a história dos homens em seu devir contraditório, se sente expressa nos conceitos constituídos pela consciência.

A dialética negativa, à semelhança do que fez Hegel, toma a contradição interna como a mediação fundamental na passagem de um momento a outro na constituição do conhecimento. Sem a negação não haveria dialética alguma. Contudo, em contraposição a Hegel, Adorno insiste no momento da negatividade, por não aceitar a identidade absoluta entre o conceito e seu objeto. E, nessa perspectiva, "subverte a tradição". É o que diz o autor no prefácio de seu escrito: "O presente livro gostaria de libertar a dialética de tal natureza afirmativa, sem perder nada em determinação. Uma de suas intenções é o desdobramento de seu título paradoxal" (2009, p. 7).

À semelhança de Hegel, é através do conceito que o sujeito conhece o objeto, pois o instrumental de intervenção da filosofia é o conceito. Contra Hegel, o conceito, mesmo sendo uma *adequação do objeto ao intelecto*, com dizia a filosofia tradicional, não consegue captar o objeto em sua plenitude; aquele é universal, abstrato, formal; o objeto é particular, concreto, histórico. Há uma desconfiança radical em relação ao poder autárquico atribuído por Hegel ao sujeito do conhecimento. Para o frankfurtiano, "A dialética é a consciência consequente da não identidade" (2009, p. 13) entre conceito e objeto. Seu objetivo é arrancar as vendas do sujeito, que age de forma imperiosa, como fosse o possuidor integral de seu representado. Para Adorno, pois, o todo, o conceito, é falso. *O totum é totem* (2009, p. 313).

Ao questionar o princípio de identidade de Hegel, ressalta seu lado histórico-materialista, marxiano, atribuindo ao objeto prioridade em relação ao sujeito no processo de conhecimento. "É a coisa, e não o impulso à organização própria ao pensamento, que provoca a dialética" (2009, p. 126). O objeto do conhecimento é histórico, concreto, não pode ser reduzido a uma ideia geral e abstrata que o sujeito produz dele; ele é muito mais que essa imagem. Por outro lado, esse objeto concreto se tornou enrijecido pelas contradições de sua própria realidade, e que nele permanecem presas, com sua história coagulada, que precisa ser reavivada.

Também o objeto não pode ser reduzido à imagem que os empiristas e positivistas fazem dele; ele é muito mais que os dados que, em um primeiro momento, se apresentam aos sentidos dos homens. "O objeto é mais que a pura facticidade; o fato de essa facticidade não poder ser eliminada impede ao mesmo tempo em que nos satisfaçamos com seu conceito abstrato e com seu decote, os dados sensoriais protocolados" (ADORNO, 2009, p. 161).

Nessa perspectiva, a dialética negativa, ao mesmo tempo em que atesta a fragilidade do sujeito no processo de conhecimento, o estimula a ir além de si mesmo em busca daquilo que, do objeto, foi reprimido, não identificado, espoliado. "Para o conceito, o que se torna urgente é o que ele não alcança, o que é eliminado pelo seu mecanismo de abstração [...]" (2009, p. 15). E o sujeito, como vimos acima, só pode realizar o empreendimento de superar o conceito utilizando-se do próprio conceito. Essa expressão-chave se apresenta com inúmeras variantes nos aforismos da *Dialética negativa*. Eis algumas delas: "o conceito pode ultrapassar o conceito e assim aproximar-se do não conceitual"; "A utopia do conhecimento seria abrir o não conceitual com conceitos [...]"; "A reflexão filosófica assegura-se do não conceitual no conceito"; "Os conceitos [...] visam a algo para além de si mesmos"; "Somente os conceitos podem realizar aquilo que o conceito impede" (2009, p. 16, 17, 19, 18, 53). Com esses pressupostos, Adorno volta a se aproximar de Hegel, ao ressaltar a importância e a necessidade de um sujeito mais do que nunca forte, ativo, persistente, em sua busca do conhecimento do objeto. Diz ele: "Em uma oposição brusca ao ideal de ciência corrente, a objetividade de um conhecimento dialético precisa de mais, não de menos sujeito. Senão, a experiência filosófica definha" (2009, p. 42). A utopia de uma experiência filosófica plena seria a aproximação de conceito e objeto de tal maneira que desaparecesse a diferença entre eles.

E o sujeito, na tentativa de se aproximar do objeto para conhecê-lo o mais adequadamente possível, deve se utilizar de alguns recursos teórico-metodológicos desenvolvidos por ele em sua longa trajetória. A dialética negativa apresenta alguns desses procedimentos, entre os quais destacamos: o *duplo sentido do conceito* e a ideia de *constelação*. Assim, um mesmo conceito, ao se dirigir a seu objeto de conhecimento, deve ser abordado em um registro ao menos bidimensional, em que polos opostos se contrapõem na perspectiva de se aproximar mais de seu objetivo. Apresentamos um modelo de utilização desse artifício; no aforismo "Autorreflexão do pensamento", Adorno analisa o conceito de liberdade na tensão com o seu objeto de referência, que é o juízo de que alguém é um homem livre. Esse conceito é mais do que aquilo que é predicado a esse alguém tido como livre, pois pode ser aplicado a todos os homens singulares que se apresentam como livres. No caso, o conceito vai além de seu objeto de representação. Ao mesmo tempo, o conceito de liberdade fica aquém de si mesmo quando aplicado empiricamente. "Ele mesmo deixa de ser então o que diz", quando confrontado com a realidade histórica em que esse alguém, tido como livre, vive. O confronto conduz o conceito de liberdade a entrar em contradição consigo mesmo, pois "o singular é mais e menos do que a sua determinação universal". E como é somente com a superação dessa contradição histórica que o singular – o homem tido como livre – se identificará com o universal – o conceito de liberdade –, o "interesse do singular não é apenas conservar para si aquilo que o conceito de universal rouba dele, mas do mesmo modo conservar esse 'mais' do conceito ante a sua indigência", como forma de, na negatividade, cobrar a sua não realização (ADORNO, 2009, p. 131-132). O duplo sentido do conceito faz o conceito ir além de si mesmo.

Por sua vez, a ideia de *constelação* parte do pressuposto de que o conceito, tomado como individual, é insuficiente para iluminar o objeto em sua densidade; é preciso reunir outros conceitos, em forma de uma configuração, em torno de um mesmo fenômeno, para alcançar aquilo que foi esquecido, reprimido nesse processo. Na conferência de 1931, "A Atualidade da Filosofia", o frankfurtiano afirmava que a interpretação filosófica se desenvolvia à maneira de soluções de enigmas, em que os elementos dispersos dos fenômenos são colocados em diferentes formas, até que se juntem em uma figura, da qual resulta a solução; de maneira semelhante, o conceito, na análise de seu objeto, tem de dispor seus elementos em diferentes tentativas de ordenação até que se encaixem em uma configuração legível como resposta. Na *Dialética negativa,* Adorno apresenta a ideia de constelação através de uma metáfora expressiva:

> Enquanto constelação, o pensamento teórico circunscreve o conceito que ele gostaria de abrir, esperando que ele salte, mais ou menos como os cadeados de cofres-fortes bem guardados; não apenas por meio de uma única chave ou de um único número, mas de uma combinação numérica (2009, p. 141-142).

Podemos dizer que a *Dialética negativa* é formada por um conjunto infindo de pequenos aforismos que, como estrelas luzidias de uma grande constelação, iluminam os detalhes e os pormenores de sua configuração teórico-metodológica.

São esses apenas dois dos recursos, usados pela razão na busca do conhecimento do objeto, que caracterizam de maneira específica e permanente sua concepção de dialética. Deixamos de apresentar, por falta de espaço, outros elementos pertinentes da negatividade na busca da aproximação entre sujeito e objeto, como: o zelo pela pureza da expressão dos conceitos; a utilização de categorias tradicionais da filosofia na tendência de sua nova configuração dialética; a solidariedade mútua da filosofia e da arte na manifestação dos elementos não intencionais dos conceitos; a ênfase no mimético, no somático, no sensorial, como momentos sufocados nos conceitos, e outros.

Vamos entrar em mais um tópico importante da dialética negativa, em que Adorno dialoga com Hegel. Segundo esse autor, o potencial de uma teoria filosófica está em ela se apresentar como "autoconsciência de sua época", como um diagnóstico de seu momento histórico. A dialética negativa deve ser vista nessa perspectiva. O objeto do conhecimento tem de ser compreendido na realidade em que ele se encontra e na qual, historicamente, predomina a presença de um estado falso, de injustiças e violências. O conhecimento filosófico, por ser um processo para captar o não idêntico, o que foi esquecido e marginalizado no objeto, é, ao mesmo tempo, uma tentativa de questionar o sistema de produção da realidade que exclui o outro, o não eu. Nesse sentido, a utilização da dialética negativa pelo sujeito do conhecimento se transforma em uma intervenção política e crítica contra o sistema capitalista que permeia e molda o não idêntico, seu objeto de conhecimento. Como dizia Dussell, o não ser de um povo empobrecido pode ser o ponto de partida de uma experiência filosófica formativa e de uma práxis social transformadora (cf. DUSSEL, 1990, p. 367). E, como ressalta Adorno,

> Pensar é, já em si, antes de todo e qualquer conteúdo particular, negar, é resistir ao que lhe é imposto. [...]. O esforço que está implícito no conceito do próprio pensamento [...] é uma rebelião contra a pretensão de todo elemento imediato de que é preciso se curvar a ele (2009, p. 25).

A citação abaixo caracteriza adequadamente a relação tensa e imanente que o filósofo, nos horizontes de sua dialética negativa, estabelece entre a construção dos conceitos e a realidade contraditória de onde esses conceitos provêm:

> Conceito e realidade possuem a mesma essência contraditória. Aquilo que dilacera a sociedade de maneira antagônica, o princípio de dominação, é o mesmo que, espiritualizado, atualiza a diferença entre o conceito e aquilo que lhe é submetido (2009, p. 49).

Sétima lição

Reflexões estéticas sobre o conteúdo de verdade da obra de arte

A filosofia e a arte, já vimos, acompanharam Adorno nos diferentes momentos de sua vida acadêmico-científica. Relembremo-nos de três desses momentos históricos: de 1928 a 1933, como crítico musical, escreveu uma centena de artigos sobre óperas e concertos da vida musical de Frankfurt; de 1938 a 1941, produziu textos críticos sobre a música no rádio, no contexto do *Radio Project*, em Nova York; a partir dos anos de 1958 foram publicados quatro volumes seus sobre *Notas de literatura,* no total de 35 ensaios e 17 apêndices. E para coroar sua vida artístico-filosófica, em 1970, um ano após sua morte, foi publicado o livro *Teoria estética.*

Esse livro não é um tratado sobre a arte em geral, como o foi *Crítica da faculdade do juízo*, de Kant (1790); é, antes de tudo, o resultado de amadurecidas reflexões filosóficas sobre a obra de arte moderna, expressas, à semelhança da *Dialética negativa*, em forma de aforismos. O livro, em sua única versão em língua portuguesa, diretamente de Lisboa – seu tradutor é Artur Morão –, destaca um conjunto infindo de categorias filosóficas que vão progressivamente iluminando, através de suas 550 páginas, a obra de arte moderna, em sua configuração histórica, em suas manifestações, diversidades e tensões. Esta sétima lição de Adorno se propõe apenas a extrair da *Teoria estética* elementos teórico-metodológicos de como se aproximar de uma obra de arte moderna na tentativa de compreender seu conteúdo de verdade. Parte-se do pressuposto de que "as obras de arte que se apresentam sem resíduo à reflexão e ao pensamento não são obras de arte" (ADORNO, 2011, p. 188).

Interpretar uma obra de arte, decifrar seu enigma, encontrar seu conteúdo de verdade são, antes de tudo, atividades filosóficas que exigem um mergulhar-se a fundo perdido no objeto e, ao mesmo tempo, um afastar-se criticamente dele para o julgar reflexivamente. O conhecimento de uma obra de arte se efetua, à semelhança de sua construção, de modo dialético: "Quanto mais o contemplador se entrega tanto maior é a energia com que penetra na obra de arte e a objetividade que ele percebe no interior" (2011, p. 266).

Podemos observar, na *Teoria estética*, que a tentativa de compreender o conteúdo de verdade de uma obra de arte se processa através de dois momentos específicos, que se contrapõem, e, ao mesmo tempo, se complementam: o analítico e o interpretativo. O momento analítico se realiza pelo exame minucioso das partes em si e de suas relações entre si e com o todo, na composição da unidade final da obra de arte, que é dada pela forma; ele se processa no polo inverso da forma, que é síntese, unidade; mas é a partir dos fragmentos que a obra se organiza; os elementos, os detalhes são tão importantes quanto a sua unidade constituída. Adorno nos apresenta um exemplo convincente desse momento: "O chefe de orquestra que analisa uma obra para a executar adequadamente, em vez de a mimar, reproduz uma condição da possibilidade da própria obra" (2011, p. 324).

Além da relação das partes entre si e com o todo, enquanto plena elaboração dos pormenores, o momento analítico exige outros cuidados do atento contemplador estético. Apresentamos alguns deles:

1) O conceito de tema de uma obra de arte moderna: este não se mede por tratar de acontecimentos monumentais, nem por abordar personalidades históricas ou retratar paisagens maravilhosas. Sua dignidade como obra de arte se manifesta no "como" de sua configuração e não na eminência dos objetos construídos. A sublimidade da obra de arte tradicional foi desmascarada quando Van Gogh

pintou uma cadeira ou alguns girassóis. Adorno ainda pergunta: "O que existe em Delft para Vermeer?" E conclui: "No como da maneira de pintar, podem sedimentar-se experiências incomparavelmente muito mais profundas e até socialmente mais relevantes do que nos retratos fiéis de generais e de heróis da revolução" (2011, p. 229-230).

2) O material utilizado pelo artista na configuração da obra:

> [...] o material é aquilo com que lidam os artistas: o que a eles se apresenta em palavras, cores, sons até às combinações de todos os tipos, até aos procedimentos técnicos na sua totalidade [...]; portanto, tudo o que a eles se apresenta e a cujo respeito podem decidir (ADORNO, 2011, p. 226).

O saber escolher o material entre os disponíveis ou criar novos, o saber utilizá-lo, sua aplicação única em uma obra específica, constituem aspectos fundamentais na originalidade da obra. E o material adotado não é um material natural; mesmo que se apresente como tal ao observador; é sempre um material cultural, histórico.

3) Os procedimentos técnicos utilizados/inventados: A técnica – enquanto domínio do material

que o artista tem à sua disposição, enquanto aquilo mediante o qual a obra de arte se organiza – faz com que essa "seja mais do que um aglomerado do facticamente existente e esse mais constitui o seu conteúdo". Ela não é "abundância dos meios, mas o poder armazenado de se medir com o que a obra objetivamente exige de si mesma" (2011, p. 321, 326 e 327). O que desafia um artista em seu *métier* são os problemas que a obra em construção vai lhe propondo objetivamente, exigindo dele uma escolha, um aprimoramento. Ele é guiado, originalmente, pela inspiração, pela ideia primeira, que o despertou; mas são os procedimentos técnicos artísticos utilizados/administrados por ele, como exigência do material, que o levam incessantemente a selecionar, amputar e renunciar, e, consequentemente, a dar forma àquela ideia primeira. "Evidentemente, os problemas técnicos das obras de arte complicam-se até o infinito e não podem ser resolvidos por uma fórmula. Mas, em princípio, devem resolver-se de modo imanente", afirma Adorno no aforismo "Técnica" (2011, p. 322-323).

4) Os elementos miméticos e suas tensões benéficas: como resíduos irracionais e vitais, eles se instalam na configuração das obras de arte – frutos da racionalidade e do processo técnico de construção –, e as metamorfoseiam. Se a obra de arte fosse

tão somente produto da técnica, se transformaria em mais um instrumento da racionalidade instrumental, portanto, em algo irracional; ela precisa de seu momento mimético, do desvario, do burlesco, como parte do processo que lhe proporciona vida, movimento, plurivocidade.

> A mimese é na arte o pré-espiritual, o contrário do espírito e, por outro lado, aquilo a partir do qual ele se incendeia. Nas obras de arte, o espírito tornou-se seu princípio de construção, mas só satisfaz o seu *télos* onde se eleva a partir do que deve ser construído, dos impulsos miméticos, que nelas se integram em vez de se lhes impor de um modo autoritário (ADORNO, 2011, p. 184).

São esses elementos miméticos, o boi, o buriti, os vaqueiros, que dão vida, poesia, mistério e encanto ao conto "Cara de bronze", de Guimarães Rosa, racionalmente construído. Assim como, dirá Adorno: "No elemento burlesco, a arte relembra com satisfação a pré-história no mundo animal das origens. [...]; a linguagem das criancinhas e dos animais parece identificar-se. [...]; a constelação animal/louco/*clown* é um dos estratos fundamentais da arte" (2011, p. 185).

5) A forma enquanto resultado do processo de confecção, como unidade: a forma é mediação en-

quanto relação das partes entre si e com o todo e enquanto plena elaboração dos pormenores. Se é mediação, supõe o trabalho intenso do artista que, através de suas técnicas e de sua sensibilidade, relaciona entre si e com o conjunto da obra elementos aparentemente contrastados ou desligados – tensos –, dando-lhes unidade, substância, consonância. Aquilo que se mostra ingênuo, espontâneo em uma obra de arte é, antes, resultado objetivo da persistente intervenção do artista nos detalhes, pois "a forma procura fazer falar o pormenor através do todo" (2011, p. 220-221). Por outro lado, "Mediante a organização, as obras tornam-se mais do que são" (2011, p. 193).

O momento interpretativo é aquele que, ao se dirigir à obra de arte, após observar atentamente os elementos apresentados pelo momento analítico – tema, material, técnicas, manifestações miméticas, forma e outros – dispõe esses elementos em diferentes tentativas de ordenação na perspectiva de montá-los em uma nova configuração que expresse o seu conteúdo de verdade.

O momento interpretativo nos leva a observar outros elementos imanentes à obra de arte, entre os quais:

1) A relação das manifestações miméticas com os estratos não intencionais do artista: Adorno afirma que "entre as fontes de erro da interpretação

corrente e da crítica das obras de arte, a mais funesta é a confusão da intenção – do que o artista [...] quer dizer – com o conteúdo" (2011, p. 230). Se a obra de arte fosse apenas um produto da racionalidade técnica, então poderíamos identificar a intenção do artista com a sua obra. Mas como contém em sua forma elementos miméticos, a tensão desses estratos irracionais com a racionalidade da construção faz com que ela, cifradamente, diga muito mais do que a intenção que lhe foi dada e desafie seus observadores a desvendar seu enigma. Para o frankfurtiano, os momentos de desatino, de desvario das obras de arte, enquanto resíduos miméticos, se aproximam dos estratos não intencionais, e, por isso, constituem também o seu segredo. O que dizem as grandes obras de arte nem sempre coincide com a intenção de seus realizadores (2011, p. 185). O conteúdo de verdade de uma obra de arte se estabelece cada vez mais nos interstícios não ocupados pelas intenções subjetivas de seus autores. Por outro lado, a obra cuja intenção se apresenta como um ensinamento ou como uma tese filosófica, bloqueia seu conteúdo de verdade; vai contra o princípio kantiano de ser uma finalidade sem fim; também para Adorno, "as obras são finais em si, sem finalidade positiva para além de sua complexão" (2011, p. 193). Para ele, "o procedimento filológico que se imagina possuir firmemente o conteúdo, apoia-se de modo imanente no fato de extrair tautologicamente das obras de arte o que aí fora previamente introduzido" (2011, p. 230).

2) A obra de arte moderna enquanto crítica das contradições da sociedade: essa é uma de suas características fundamentais para o pensador frankfurtiano; pela sua própria existência a obra de arte se apresenta como uma crítica da sociedade; ela se mantém viva, através de sua força de resistência; se perder essa força se torna uma mercadoria como qualquer outra. "A arte torna-se antes social através da posição antagonista que adota perante a sociedade e só ocupa tal posição enquanto autônoma" (2011, p. 340). Então um dos momentos importantes no processo de interpretação é tentar compreender seu movimento imanente contra a sociedade e, ao mesmo tempo, visualizar a proposta que ela apresenta de um novo tipo de sociedade. Poderíamos caracterizar esse movimento dissonante e simultâneo numa dupla dimensão: crítica e utópica. Adorno expressa-o de maneira contundente: as obras de arte, enquanto críticas das contradições sociais, "postulam a existência de um não existente e entram assim em conflito com a sua não existência real"; ao mesmo tempo, distendendo seus laços utópicos, "destacam-se do mundo empírico e suscitam um outro com uma essência própria, oposto ao primeiro como se ele fosse igualmente uma rea-

lidade" (2011, p. 96 e 12). Em outra citação, com mais contundência ainda, afirma a postura da obra de arte como uma práxis social: "Mas o fato de as obras de arte existirem mostra que o não ente poderia existir. A realidade das obras de arte dá testemunho da possibilidade do possível" (2011, p. 204).

* * *

Se interpretar uma obra de arte é compreender a fundo o seu conteúdo de verdade; se para compreender o conteúdo de verdade é preciso, com paciência e determinação, se deter nos detalhes particulares dos momentos analítico e interpretativo, e mesmo assim, não se ter a certeza de atingir o objetivo... Podemos perceber que essa busca, enquanto tentativa de resolução do enigma de uma obra de arte, só pode ser obtida através de um intenso processo de reflexão filosófica. "Isto e nada mais, é que justifica a estética", diz o frankfurtiano (2011, p. 197).

Interpretar uma obra de arte é, pois, ir muito além de uma expressão emocional, de uma vivência subjetiva do contemplador; é construir uma experiência da arte, enquanto experiência da sua verdade ou inverdade; é a irrupção da objetividade na consciência subjetiva. A vivência é apenas um momento de tal experiência, importante, mas passageiro. A experiência da busca do *ver um* ou do *non-*

-verum de uma obra de arte atinge o indivíduo em suas dimensões mais humanas.

> O abalo intenso, brutalmente contraposto ao conceito usual de vivência, não é uma satisfação particular do eu, e é diferente do prazer. É antes um momento da liquidação do eu que, enquanto abalado, percebe os próprios limites e finitude. Essa experiência é contrária ao enfraquecimento do eu, que a indústria cultural promove (ADORNO, 2011, p. 368-369).

É com esse espírito que Adorno nos convida a nos aproximarmos de uma obra de arte.

Oitava lição

Caráter contraditório da educação: fato social e autonomia

Certamente, uma das principais contribuições de Adorno à esfera educacional é sua análise crítica de como a formação (*Bildung*) gradativamente se converte em seu inimigo mortal: a semiformação (*Halbbildung*). Logo no início de seu texto "Teoria da semiformação" (*Theorie der Halbbildung*), Adorno argumenta que as reformas pedagógicas, por mais importantes que possam ser, não conseguem por si só solucionar os problemas estruturais, determinados por um processo social que altera drasticamente a forma da produção e da disseminação das manifestações culturais.

Além disso, tais reformas podem produzir o indesejável efeito de corroborar "uma inocente despreocupação diante do poder que a realidade pedagógica exerce" (ADORNO, 2010, p. 8). Tais reformas poderiam até mesmo reforçar a ideologia de que os problemas estruturais da produção e propagação da cultura seriam resolvidos exclusivamente por meio das soluções apresentadas pela lógica das contradições sociais, que se materializaria num receituário pedagógico, paradoxalmente, seguido como se fosse uma produção metafísica e aplicado em quaisquer contextos e situações, independentemente das diferentes mediações históricas.

Assim, Adorno critica a pretensa independência dos conceitos pedagógicos em relação às condições históricas que os engendraram, ao mesmo tempo em que também se opõe à mera adaptação a tais conceitos. Esse mesmo raciocínio se aplica ao processo de formação (*Bildung*). Por um lado, o pensador frankfurtiano criticou o anelo da formação de se apartar das condições materiais que determinaram sua própria existência. Ao descrever a situação-limite do nazismo, lembrou-se da observação de Max Frisch, de que não era incomum o fato de os nazistas matarem os prisioneiros dos campos de concentração, ao mesmo tempo em que ouviam música clássica (2010, p. 10).

Tamanho abismo entre a promessa de felicidade imanente à música clássica e tal barbárie deveria ser compreendida não como algo restrito às características particulares de determinados nazistas, mas sim como um acontecimento que remetia à investigação do processo social de danificação da própria cultura. Por outro lado, Adorno se opôs ao modo como a formação historicamente se adequou ao seu momento de adaptação, de *well adjusted people*, impedindo, assim, que os seres humanos se educassem uns aos outros de forma crítica e emancipatória.

De fato, o sonho da afirmação da individualidade, mesmo que diante de uma sociedade prenhe de contradições, se fez presente desde os princípios da sociedade burguesa, tal como destacado por Adorno:

> A formação devia ser aquela que dissesse respeito – de uma maneira pura como seu próprio espírito – ao indivíduo livre e radicado em sua própria consciência, ainda que não tivesse deixado de atuar na sociedade e sublimasse seus impulsos. A formação era tida como condição implícita a uma sociedade autônoma: quanto mais lúcido fosse o singular, mais lúcido o todo. Contraditoriamente, no entanto, sua relação com uma práxis ulterior apresentou-se como degradação a algo heterônomo, como percepção de vantagens de uma não resolvida *bellumomnium contra omnes* (2010, p. 13).

Não é fortuita a relação que se pode estabelecer entre a lucidez do singular e a de um todo integrado por cidadãos efetivos; o indivíduo formado seria aquele que, sabedor da relevância de sua participação na elaboração das regras dos contratos sociais democráticos, aceitaria, kantianamente falando, se submeter a tais regras, sobretudo porque se identificaria como sujeito, como interventor, no transcorrer do processo de elaboração e realização das próprias. Eis o cidadão, poder-se-ia afirmar. Ao invés da sociedade caracterizada pela contínua luta de todos contra todos, haveria a possibilidade da convivência respeitosa dos cidadãos, que se igualariam entre si por serem diferentes uns dos outros e, portanto, por respeitarem as opiniões divergentes sobre questões dos campos da política, religião, opção sexual, dentre outros.

Contudo, na medida em que as injustiças e as desigualdades sociais, engendradas pelas relações de produção capitalistas, desmentiam cotidianamente as premissas de tal sonho, também a formação paulatinamente se transformava em semiformação, definida por Adorno como o "espírito conquistado pelo caráter do fetiche da mercadoria" (2010, p. 25).

Com efeito, a danificação do espírito e, portanto, da formação, é a decorrência subjetiva do processo de supremacia da indústria cultural na sociedade capitalista contemporânea. E, tal como a ideologia da indústria cultural é exibida, enquanto possibilidade da realização imediata da vida, do livre-arbítrio e, portanto, de todos os desejos de seus consumidores, a semiformação também se apresenta, ideologicamente, como uma formação completa: capaz de proporcionar sínteses conclusivas que identificam o indivíduo semiformado não como tal, mas sim como profundo conhecedor de assuntos que são, na realidade, absolutamente abreviados. É interessante enfatizar o modo como Adorno relaciona a hegemonia da semiformação com os prejuízos evidentes da memória ao asseverar que:

> A experiência – a continuidade da consciência em que perdura o ainda não existente e em que o exercício e a associação fundamentam uma tradição no indivíduo – fica substituída por um estado informativo pontual, desconectado, intercambiável e efêmero, e que se sabe que ficará borrado no próximo instante por outras informações. Em lugar do *temps durée,* conexão de um viver em si relativamente uníssono que desemboca no julgamento, coloca-se um "*É assim*" sem julgamento, algo parecido à fala dos viajantes que, do trem, dão nomes a todos os lugares pelos quais passam como um raio [...] (2010, p. 33).

Uma vez que a experiência formativa é substituída por um estado informativo pontual, desconectado, intercambiável e efêmero, dificilmente as informações são relacionadas entre si a ponto de que ocorra o salto qualitativo para que possam se transformar em conceitos. Do mesmo modo como a efemeridade física das mercadorias se impõe como condição de que novos produtos rapidamente substituam os que são identificados como ultrapassados e obsoletos, também os consumidores dos produtos da indústria cultural não têm o tempo necessário para encarar o fato de que as várias tonalidades do pensamento não podem ser resumidas à opacidade de que se deva raciocinar exatamente e sempre do mesmo jeito. O indivíduo que pensa de forma estereotipada é aquele que aceita determinada informação de maneira inquestionável para, logo em seguida, estabelecer e aplicar os rótulos tanto em relação aos objetos, quanto às pessoas.

Não é obra do acaso a confissão do indivíduo semiformado de que tem de saber de tudo um pouco, pois não tem tempo de se aprofundar em determinado assunto. Seguindo essa linha de raciocínio, quando este "*é assim*" se impõe no discurso do indivíduo semiformado, sem que haja a mínima possibilidade de que perspectivas discordantes possam confrontá-lo, evidencia-se um pressuposto perigoso que pode muito bem reverberar na palavra de ordem autoritária, que não admite que outras pessoas pensem de forma diferente dele, ou do grupo com o qual, narcisisticamente, se identifica e é identificado. São situações de extrema barbárie as protagonizadas por membros de torcidas organizadas de futebol, por exemplo, que simplesmente assassinam torcedores que estão vestindo a camisa de uma agremiação diferente da sua. É por isso que o pensamento estereotipado flerta com o autoritarismo na medida em que os rótulos de *in* ou *out* são atribuídos a ponto de significar a possibilidade de viver ou morrer, dependendo da sua inserção ou não no grupo de indivíduos semiformados. A lembrança de uma situação-limite como essa, das torcidas organizadas de futebol, remete-nos a repensar o caráter contraditório da educação como fato social e autonomia em relação a uma conhecida consideração de Adorno: a educação pode contribuir de alguma forma, sendo que nessa forma reside o seu sentido, para que a barbárie do campo de concentração de Auschwitz não se repita (1986, p. 33).

Assim, se Adorno criticou a pretensa autonomia das reformas pedagógicas na suposta resolução das contradições sociais por meio de um receituário pedagógico, ele próprio observou a importância das práticas educativas voltadas para a crítica do pensamento estereotipado, da rotulação e da fraqueza da memória. O não esquecimento do que foi o campo de concentração na história da humanidade, identificado como a negação completa da formação, contribui para a possibilidade de que a própria formação não esvaeça. Eis onde reside a sobrevivência da formação em tempos de supremacia da danificação do espírito: a realização contínua de sua autocrítica, a ponto de não se desistir de refletir e criticar a forma como a indústria cultural a converteu em semiformação.

Nona lição

Adorno: leitor e crítico de Freud

O diálogo estabelecido por Adorno com a teoria psicanalítica de Freud, longe de ter sido fortuito se revelou decisivo para a formulação de seu próprio pensamento. O seu primeiro contato mais sistemático com a obra freudiana ocorreu durante uma de suas estadias em São Remo, Itália, conforme ele mesmo relatou ao seu amigo Benjamin, em correspondência datada de 5 de dezembro de 1934: "I have know San Remo since 1927, the first time I spent a short while with Gretel, and then later some months on my own; my study of Freud belongs to this period" (LONITZ, 1999, p. 63)[3].

Quando nos detemos na biografia do filósofo nos damos conta de seu prematuro fascínio pelas inversões próprias ao pensamento dialético. Conforme notou Wiggershaus, para Adorno, na esteira

---

3. "Conheço São Remo desde 1927, a primeira vez para uma breve estadia com Gretel, e posteriormente sozinho; foi o período em que estive ocupado com Freud."

do pensamento de Marx, grafado na *Crítica da Filosofia do Direito de Hegel*, a dialética significava "forçar aquelas relações petrificadas a dançar, cantando-lhes a sua própria melodia" (WIGGERSHAUS, 2002, p. 217). Ou ainda, na trilha aberta por Benjamin: "a possibilidade de desmitologizar e desencantar um vasto leque de fenômenos contemporâneos" (WIGGERSHAUS, 2002, p. 217).

Ora, ao menos duas formulações psicanalíticas capitais pareceram confluir para esse intento maior de "desmitologizar e desencantar um vasto leque de fenômenos contemporâneos", aos olhos de Adorno. A primeira formulação diz respeito ao fato de que as perturbações psíquicas se devem àqueles conteúdos expulsos – recalcados – do horizonte da consciência por se mostrarem insuportáveis ao sujeito, e que, no entanto, permanecem habitando a camada inconsciente do "aparelho psíquico" até que retornem à cena; somente que dessa vez disfarçados sob a forma de sintoma. A segunda formulação aponta para a possibilidade de outra "inversão dialética", expressa por Freud, enquanto finalidade do seu procedimento terapêutico em construção: possibilitar novamente ao material inconsciente aceder à consciência com vistas à sua elaboração.

Mas, se a teoria psicanalítica foi capaz de atrair a atenção de Adorno por sua fisionomia dialética orientada para um motivo tão caro ao Iluminismo, isto é, o intento de possibilitar a elaboração consciente dos conteúdos inconscientes com vistas à eliminação do sintoma; de outra parte, também, a função exercida por certa negatividade inerente ao pensamento de Freud pareceu-lhe incontornável[4]. A esse respeito poderíamos dizer que certos impasses teóricos internos à totalidade da obra freudiana, e que permaneceram não solucionados pelo pai da psicanálise, também inspirou o pensamento de Adorno, como veremos, na elaboração de sua *Dialética negativa*.

Quanto ao primeiro motivo acima mencionado encontramos os seus contornos mais bem delineados no trabalho concluído no verão de 1927, para obtenção de sua *Habilitationsschrift*, sob orientação de Hans Cornelius, intitulado "O Conceito de Inconsciente na Teoria Transcendental do Entendimento" (*Unbewussten in der transcendentalen Se-*

---

4. Ao se referir à influência exercida pela psicanálise sobre o pensamento da primeira geração de filósofos da chamada "Escola de Frankfurt", sobretudo Adorno e Horkheimer, Rouanet observou que: "[...] é tão evidente a existência de 'afinidades eletivas' entre as duas reflexões que não podemos afastar a suspeita de que no curso de meio século de confronto, muitas vezes polêmico, com a psicanálise, a Escola de Frankfurt teria absorvido do freudismo não somente certos instrumentos de análise, como, até certo ponto, o próprio 'estilo' que dá seus contornos específicos à teoria crítica" (ROUANET, 1998, p. 99).

elen lehre)[5]. Nesse trabalho, conforme expôs Buck-Morss, Adorno procurou argumentar que na *Crítica da razão pura*, de Kant, mais especificamente na seção sobre os "paralogismos", estava descartada uma psicologia ontológica do inconsciente, sem que, ao menos, se discutisse a pertinência de uma psicologia formulada do ponto de vista da razão. O trabalho iniciava com "una crítica imanente de Schopenhauer, y de los *Lebensphilosophen* posteriores, que daban cuenta del inconsciente construyendo una metafísica de lo irracional [...]" (BUCK-MORSS, 1981, p. 55). E prosseguia tentando demonstrar que os requisitos para o estabelecimento de uma teoria empírica do inconsciente, compatível com o neokantismo de Cornelius, se encontravam exatamente na teoria psicanalítica elaborada por Freud[6].

---

5. Argumento que se torna ainda mais plausível se levarmos em conta o seguinte comentário de Wiggershaus referindo-se a Adorno: "Ele interpretava o conceito de inconsciente ora como um marco da consciência, ora como a denominação dos estados inconscientes que se poderiam trazer ao consciente" (WIGGERSHAUS, 2002, p. 113).

6. Em que pese esse trabalho não ter sido aceito por Cornelius, episódio que restringiu a revisão crítica que Adorno pretendia realizar da teoria psicanalítica, ele parece não ter arrefecido quanto à ideia de se servir dessa teoria para conferir certa materialidade à filosofia de Kant. Ao se referir à lei moral kantiana na *Dialética negativa*, p. ex., de modo a revelar a face coercitiva embutida na própria noção de liberdade tal como proposta pelo idealismo, lemos: "Os traços coercitivos inseridos por Kant em sua doutrina da liberdade foram recolhidos na coerção real oriunda da consciência moral. A irresistibilidade empírica da consciência psicologicamente

Ainda nesse trabalho, referindo-se explicitamente ao texto freudiano, Adorno argumentara que: [...] "La terapia se esfuerza por ser nada más que conocimiento" [...]; "su meta era el 'desencantamiento' del inconsciente através de la exposición de la lógica interna de sus manifestaciones – actos fallidos [...], sueños, sintomas neuróticos – y tornarlas accesibles al nivel consciente, a la comprensión racional" (apud BUCK-MORSS, 1981, p. 56). Uma leitura sem dúvida autorizada pela pena do próprio Freud em diversas passagens de sua obra, e conforme aos dispositivos centrais estruturantes de sua clínica, a saber: rememoração, verbalização e simbolização reflexiva.

Não obstante essa compreensão da relação dialética entre a consciência e o inconsciente retornar de modo bastante atenuado na *Dialética do esclarecimento*, isso devido ao desenvolvimento de uma crítica mordaz ao pensamento identitário, cuja contraface psicológica já apontava para certa relativização do eu como instância cognoscitiva[7], e,

---

existente, do super-eu, lhe garante, contra o seu princípio transcendental, a facticidade da lei moral que, mesmo segundo Kant, enquanto fundação da moral autônoma, precisaria ser igualmente desqualificada por ela como pulsão heterônoma" (2009, p. 226).

7. Numa passagem da *Dialética do esclarecimento,* Horkheimer e Adorno argumentam que: "O ego idêntico é o produto mais tardio da projeção. [...] ele se desenvolveu como uma função unitária e, ao mesmo tempo, excêntrica. Todavia, mesmo como ego objetivado de maneira autônoma, ele só é o que o mundo-objeto é para ele" (1985, p. 176).

sobretudo, nos últimos trabalhos de Adorno, não se pode negligenciar o fato de que ela caracterizou o seu fascínio inicial enquanto leitor de Freud.

Quanto ao motivo da função exercida por certa negatividade inerente ao pensamento freudiano, ao qual fizemos alusão, vamos encontrá-lo em diversos de seus escritos sobre temas variados: reflexões no plano da moralidade, análises de objetos estéticos e questões de caráter epistemológico. Dentre esses talvez seja instrutivo localizá-lo na *Dialética negativa*, obra considerada maior, escrita pelo autor ao final de sua vida. Essa opção comporta uma dupla justificativa. Em primeiro lugar, as inúmeras referências explícitas à teoria psicanalítica contidas em seus escritos apenas evidenciam a maneira pela qual a bateria de conceitos extraídos daquela teoria fora mobilizada pelo filósofo[8]. No entanto, a influência do legado freu-

---

8. Não obstante a influência inconteste exercida pela psicanálise no pensamento de Adorno, como procuramos mostrar, essa influência não ocorreu salvaguardando-se da crítica. Adorno desferiu severas críticas à psicanálise, sobretudo à teoria psicanalítica desenvolvida nos Estados Unidos ecoando, nesse sentido, o próprio Freud. Com relação ao pai da psicanálise, se pode dizer genericamente que aos olhos de Adorno, Freud acerta justamente no ponto em que erra. Noutras palavras, a verdade da teoria psicanalítica residiria, antes, no fato de ela se constituir num discurso orientado para o particular especialmente numa época em que, cada vez mais, esse particular sofre uma integração repressiva na totalidade social. Por outro lado, essa mesma insistência no particular – a essência monadológica da psicanálise – levaria Freud, por vezes,

diano se manifesta de modo ainda mais vigoroso e profundo quando nos atentamos para o subtexto das ideias capitais que estruturam obras mestras de Adorno, como é o caso da *Dialética negativa*. Em segundo lugar, a ideia freudiana de "recalque", bem como o adágio segundo o qual aquilo que se mostra sintomático na realidade constitui o "retorno do recalcado", transparece de modo *sui generis* nessa obra. Senão vejamos:

Já na introdução da *Dialética negativa* Adorno chama atenção para o fato de que a contradição "é o indício da não verdade da identidade, da dissolução sem resíduos daquilo que é concebido pelo conceito" (2009, p. 12). Mais adiante nos adverte que: "Todavia, aquela parte da verdade que pode ser alcançada por meio dos conceitos, apesar de sua abrangência abstrata, não pode ter nenhum outro cenário senão aquilo que o conceito reprime, despreza e rejeita" (2009, p. 17). E, por fim, define como *télos* do pensamento dialético: "Alterar essa direção da conceitualidade, voltá-la para o não idêntico, é a charneira da dialética negativa" (2009, p. 19).

---

a explicações dos conflitos sociais em termos meramente antropológicos e a-históricos. Contrapondo-se a essa tendência, Adorno insistirá que a própria cisão observada por Freud entre o indivíduo e a sociedade guarda sua gênese na dimensão social da história humana, e não fora dela.

Podemos ouvir nessas poucas passagens os ecos dos ensinamentos de seu antigo professor Cornelius, para quem a realidade se constitui por infinitas possibilidades, sendo que os objetos permanecem sempre parcialmente estranhos a nós. Mas não por pertencerem ao âmbito *noumênico*, como em Kant, e sim porque aparecem a cada vez assumindo uma nova configuração. Ora, em se tratando do pensamento dialético, Adorno não lhe imputa outra finalidade senão a de constituir-se numa alternativa filosófica para enfrentar certa insuficiência natural de que padece o intelecto humano: sua incapacidade de abarcar conceitualmente a extensão total dos objetos pensados. Nesses termos sua dialética negativa figurará como a proposição de um "método correto" para que o pensamento movimente-se, por contradições, em meio à realidade que lhe é necessariamente equívoca.

Se as filosofias idealistas, para as quais o pensamento é o primeiro para o próprio pensamento, haviam procurado corrigir essa insuficiência do intelecto de forma puramente conceitual e lógica, Adorno insistirá que elas, ao assim procederem, incorrem num fatal engodo: terminam por deixar de fora aquele "elemento impuro" que, embora proveniente da própria realidade material (ou coisa) pensada, excede as operações lógico-conceituais. Por ser inextinguível, esse elemento residual metalógico termina por ser simplesmente reprimido, vale dizer "recalcado".

No entanto, abstrair de algo, não é fazê-lo desaparecer por inteiro por conta de sua subsunção à imaterialidade do conceito. Então, sempre "algo" permanece como resto ou resíduo que fora recalcado durante o processo de abstração lógica, comandado pelo pensamento em direção ao conceito. Esse resíduo metalógico inextinguível, ao qual o idealismo filosófico não chega a fazer justiça, aspecto que, aliás, lhe permanece inconsciente, retorna à cena social voltando-se contra o próprio homem. Seu caráter sintomático se expressa nas múltiplas formas de coerção provenientes dos conteúdos pensados, tão logo se objetivem enquanto formas de edificação do mundo real; noutras palavras, enquanto formas de racionalidade sistêmica.

Não se deve esquecer que a conversão do pensamento em matemática é obra do pensamento idealista, e que, por meio da lógica concebida de forma absolutamente pura, ou seja, arquitetada sobre o primado da não contradição, o pensamento uma vez formalizado convém à produção tecnológica. É nesses termos que, para Adorno, o próprio pensamento se reduz à qualidade de um instrumento capaz de conceber os demais instrumentos, e, como tal, torna-se a própria expressão da dominação objetivada na figura do sistema social.

"O sistema é a barriga que se tornou espírito" (ADORNO, 2009, p. 28), asseverou o filósofo ao se referir ao substrato somático-pulsional sobre o qual os grandes sistemas arquitetados pelo pensamento idealista se assentam. E a "fúria" com que esses sistemas desfiguram a nossa humanidade nada mais é do que aqueles impulsos adicionais mobilizados pelo predador faminto diante da sua presa: "Esses impulsos fundem-se com o desprazer da fome na fúria contra a vítima, fúria essa cuja expressão a aterroriza e paralisa convenientemente. No progresso que leva até a humanidade, isso é racionalizado por meio da projeção" (2009, p. 27).

Dotado de consciência moral a criatura humana, porém, se vê constrangida a racionalizar o seu ímpeto de se autoconservar por meio da dominação. Servindo-se da razão como defesa diante dos interditos morais, a brutalidade humana nua e crua é transfigurada em soberania espiritual, capaz de solucionar as contradições reais de toda ordem, harmonizando-as de modo coerente no interior de sistemas de pensamento. Em que pese Adorno utilizar explicitamente de diversas noções e conceitos extraídos da teoria psicanalítica, verifica-se aqui o motivo freudiano segundo o qual o recalcado retorna sob a forma de sintoma, operando magistralmente no cerne da crítica adorniana ao idealismo filosófico. Nesses termos, o parricídio (do desejo) cometido pelo pensamento racional "se vê surpreendido pela vingança da estupidez". Reconhecê-lo (o desejo), por sua vez, ensejaria a possibilidade da sua elaboração, e, quiçá, de reconciliação com a nossa própria humanidade.

Décima lição

A questão da técnica nos escritos de Adorno em confronto com a tecnologia digital: ambivalências

Certas frases têm o poder de sintetizar um determinado espírito de um tempo, de uma cultura. Mas trata-se de uma síntese que, ao invés de petrificar o pensamento, proporciona ao leitor a reflexão contínua sobre as contradições que são expostas pelo seu movimento dialético. Certamente, a frase de Adorno e Horkheimer (1985, p. 46), na *Dialética do esclarecimento* – "A maldição do progresso irrefreável é a irrefreável regressão" –, pode ser caracterizada como uma dessas frases dialéticas. De fato, o progresso se torna irrefreável principalmente quando as forças produtivas, notadamente as de ordem tecnológica, se adaptam às relações de poder. Assim o progresso incessante impinge a reprodução da miserabilidade humana, de tal modo que as consequências desse processo podem ser observadas nas irrefreáveis regressões tanto da natureza externa, cujas danificações ambientais não cessam de aumentar, quanto na natureza interna dos indivíduos semiformados.

A razão que se autodenomina esclarecida e, portanto, vencedora em sua batalha contra as forças irracionais do mito, sucumbe à sua própria mitificação quando, por meio de seu processo de instrumentalização, solapa sua potencialidade de contribuir efetivamente para a melhoria das condições de vida da própria humanidade. Assim, torna-se cada vez mais evidente que o que de fato interessa é o entrelaçamento entre a produção técnica e as relações de dominação. De acordo com Adorno e Horkheimer: "o que os homens querem aprender da natureza é como empregá-la para dominar completamente a ela e aos homens", pois, "o que importa não é aquela satisfação que, para os homens, se chama "verdade", mas a *operation*, o procedimento eficaz" (1985, p. 20).

Esse procedimento eficaz se universaliza enquanto método de uma tal forma que não mais se limita às situações desenvolvidas nas relações de trabalho, mas sim se expande e, ao mesmo tempo, penetra nas esferas de convívio mais íntimas, tal como a família. No texto: "Capitalismo tardio ou sociedade industrial", fruto da conferência inaugural do 16º Congresso dos Sociólogos Alemães em 1968, Adorno, ao asseverar que, naquele momento a sociedade poderia ser plenamente caracterizada como industrial, sobretudo em decorrência do desenvolvimento de suas forças produtivas, já identificava esse *ethos* operacional do trabalho industrial como modelo de toda a sociedade:

> Os homens seguem o que, segundo a análise de Marx, eles eram por volta da metade do século XIX: apêndices da maquinaria, e não mais apenas literalmente os trabalhadores têm que se confrontar com as características das máquinas a que servem, mas, além deles, muito mais, metaforicamente: obrigados até mesmo em suas mais íntimas emoções a se submeterem ao mecanismo social como portadores de papéis, tendo que se modelar sem reservas de acordo com ele. Hoje, como antes, produz--se visando ao lucro (1986, p. 68).

A constatação de Marx de que os trabalhadores, de forma geral, se transformam em apêndices da maquinaria, na medida em que internalizam o *ethos* operacional, perpassa pela aguda observação de Adorno não só em relação à permanência de tal *ethos*, mas, sobretudo, pela sua universalização da condição de *modus operandi* para *modus vivendi,* ainda nas últimas décadas do século XX. Adorno havia observado que o espírito da *operation* se espraiava com tamanha força que as esferas do denominado tempo livre também se subsumiam aos mandos e desmandos dessa lógica operacional (ADOR-NO, 1995, p. 70). A produção da cultura, tal como foi anteriormente destacado, é instrumentalizada de forma mercadológica a ponto de ser caracterizada como indústria cultural. Seguindo essa linha de raciocínio, a necessidade de liberdade é coisificada de acordo com os pressupostos lógico-operacionais que imperam nas relações de trabalho. Nem todos os filmes se submetem a essa lógica, mas, na maior parte deles, o frequentador de cinema se diz relaxado das tensões do trabalho justamente quando, paradoxalmente, encontra no filme uma sequência de etapas previamente estabelecidas, cujo desenrolar se assemelha muito às desenvolvidas durante o transcorrer das relações de trabalho.

Assim como no ambiente de trabalho, no qual as etapas de funcionamento das operações já se encontram previamente estabelecidas, também no cinema há uma série de elementos, tal como a música de suspense, que já prepara o organismo para reagir com sobressalto na cena seguinte, que antecipa pavlovianamente as reações dos espectadores. Além disso, quando entramos na sala de cinema, já sabemos, de antemão, como ocorrerão os futuros desdobramentos do filme, cujo final reconciliador já tranquiliza o espectador do risco de se deparar com alguma surpresa que produza o incômodo de ter que pensar sobre as razões decorrentes da imprevisibilidade de quaisquer possíveis irreconciliações.

Se Adorno observou tal amplitude da razão instrumental tornando-se, inclusive, imanente à esfera da cultura, o que dizer de uma sociedade, tal como a nossa, na qual justamente o desenvolvimento das atuais forças produtivas, alicerçadas na tecnologia digital, impinge o solapamento quase que absoluto das fronteiras entre as esferas do trabalho e do tempo livre?

Ao comentar a frase de Marx, anteriormente destacada, de que os homens se tornam apêndices das máquinas também quando se adequam à lógica operacional em suas relações mais íntimas, Adorno destacou como, metaforicamente, essa adequação se desenvolve. Já em tempos da chamada cultura digital, também as metáforas perdem cada vez mais espaço para a supremacia da *reality tv*, cujo *slogan* se fundamenta em mostrar a vida como ela é. Não é à toa que os programas de televisão de maior audiência em vários países são aqueles que não mais se restringem em narrar metaforicamente histórias de sequestro, por exemplo, representadas por atores, mas sim aqueles que mostram o sequestro em tempo real.

A danificação da elaboração de metáforas precisa ser compreendida em tempos nos quais também as contradições das relações humanas são encobertas por novos véus tecnológicos. Esses novos véus da tecnologia digital, atualmente, contribuem para que cada vez mais a comunicação primária, a que ocorre face a face, seja subordinada à comunicação secundária, mediada pela atual tecnologia digital.

São inúmeros os exemplos de pessoas que se distanciam entre si por meio da tecnologia que possibilita o contato online nas mais variadas situações, tais como: a mãe e o filho que passam horas, cada um deles usando seu computador pessoal, construindo relações familiares perfeitas no transcorrer das etapas do *game* de realidade virtual sintomaticamente denominado *second life*, ao invés de se relacionarem presencialmente entre si; as crianças que brincam de alimentar e cuidar de seus animais de estimação virtuais, ao invés de cuidar de animais de carne e osso; os entes queridos que se despedem, por meio do uso de seus computadores presentes em cada quarto da casa, com um beijo de boa noite virtual através de um rosto circular que beija sem parar, ao invés de se beijarem fisicamente.

Esses são exemplos do modo como a atual produção das forças produtivas turbina a razão instrumental digitalizada, a ponto de todos esses casos se assemelharem em um aspecto fundamental: o modo como a tecnologia digital possibilita, dependendo de seu uso, a mitigação das contradições por meio da ilusão da vivência em um admirável mundo novo. Por meio dessa possibilidade de uma segunda vida virtual, torna-se muito mais tranquilizador evitar possíveis confrontos com os filhos, derivados de relações que exigiriam diálogos não tão fáceis de serem estabelecidos face a face; também é bem mais tranquilizador saber que o animal de estimação virtual que "morre", caso não seja "alimentado" pelo dono, pode ressuscitar por meio de um simples clique de uma tecla de computador, assim como quaisquer imprevistos podem ser controlados por meio de um beijo de boa noite a distância, mesmo que seja uma distância de poucos metros entre entes que talvez já não sejam tão queridos entre si.

Porém, mesmo frente a esse admirável mundo novo, justamente essa mesma tecnologia digital pode ser utilizada com vistas à crítica da supremacia da atual razão instrumental. Não é por acaso que regimes totalitários tentam de todas as maneiras impor barreiras em relação ao uso da internet, até porque: "Não é a técnica o elemento funesto, mas seu enredamento nas relações sociais, nas quais ela se encontra desenvolvida" (ADORNO, 1986, p. 69). Talvez mais do que nunca sejam apropriadas as palavras de Adorno e Horkheimer de que "O mal não deriva da racionalização do nosso mundo, mas da irracionalidade com que essa racionalização atua" (1973, p. 98). A atualização dessa irracionalidade, por meio da tecnologia digital, atualmente prevalece em praticamente todas as relações humanas. Mas justamente por ser produção humana, ela também porta imanentemente a possibilidade de que as comunicações presenciais sejam fortalecidas e aprimoradas através das mediações tecnológicas que, nos dias de hoje, são utilizadas para consagrar a supremacia das comunicações não presenciais. Assim, talvez uma segunda vida, entendida com uma vida mais humana, possa algum dia efetivamente ser concretizada entre as pessoas que, atualmente, tendem a se distanciar entre si por meio da proximidade propiciada pelo uso contínuo das redes sociais.

Conclusão

As 10 lições ora apresentadas privilegiaram apenas alguns dentre os inúmeros temas mais salientes do conjunto da obra de Theodor W. Adorno: aspectos biográficos e da produção do filósofo, temas e pesquisas desenvolvidos no continente europeu, e, particularmente, durante o período do exílio norte-americano. Nelas encontram-se ainda considerações acerca do aspecto formal da relação sujeito-objeto, da dimensão ética decorrente dessa relação, da impossibilidade do poder autárquico inerente ao conceito, do conteúdo de verdade das obras artísticas. Temas como: a cultura produzida industrialmente sob o capitalismo tardio, o caráter contraditório da educação e também da técnica, e o diálogo possível entre a teoria social e a psicanálise também foram enfocados. Obviamente que outros temas, igualmente importantes, como a função própria à crítica sob a perspectiva da Teoria Crítica, os tópicos teológicos tratados sob a rubrica "teologia inversa" ou mesmo as originais contribuições de Adorno no âmbito de suas análises estético-musicais, não foram possíveis de serem abordados no espaço do presente volume.

No entanto, a despeito das inevitáveis lacunas decorrentes das opções realizadas, o elenco de temas aqui reunidos sob a forma de "lições" cumpre a difícil tarefa de dispor ao público leitor, sobretudo àqueles movidos pela curiosidade intelectual de se aproximarem da perspectiva filosófica de Adorno, uma visão condensada, e, ao mesmo tempo, "palatável" da relevância de tais temas tanto para o autor em questão quanto para a reflexão sobre a cultura e a sociedade atuais; sobretudo numa época em que a sociedade de mercado engolfa, ao menos enquanto tendência, a quase totalidade da chamada produção espiritual. Adorno adotava um estilo que fora considerado ultrassofisticado pelos seus críticos. Ele escrevia de modo a não facilitar, propositalmente, as coisas para o leitor. Logo, a adjetivação "palatável", se nos mantivermos fiéis aos preceitos adornianos, deve soar no mínimo suspeita. Daí a dificuldade intrínseca ao intento de elaborar esse volume. Dificuldade que só pôde ser contornada ao procurar manter no horizonte da redação dos capítulos certa densidade composta de um conjunto de ilações, entre temas e problemas, que obedecem a diferentes campos do conhecimento; isso dada à natureza interdisciplinar que animava a proposta de elaboração de uma Teoria Crítica da Sociedade aos moldes do *Institut für Sozialforchung* de Frankfurt, do qual Adorno sobressaiu como um dos seus maiores expoentes.

Esperamos que o resultado sintetizado no presente volume venha instigar a curiosidade intelectual daqueles que iniciam os seus estudos no âmbito das humanidades, e mais particularmente em filosofia e/ou teoria social. Esperamos também, ainda que modestamente, que as 10 lições suscitem algum nível de polêmica entre aqueles que já se dedicam ao estudo mais sistemático do autor e dos temas aqui tratados.

Referências

ADORNO, T.W. *Teoria estética*. Lisboa: Ed. 70, 2011 [Trad. de Artur Morão].

_____. "Teoria da Semiformação" [Trad. de Newton Ramos-de-Oliveira]. In: PUCCI, B.; ZUIN, A.A.S. & LASTÓRIA, L.A.C.N. (orgs.). *Teoria crítica e inconformismo*: novas perspectivas de pesquisa. Campinas: Autores Associados, 2010.

_____. *Dialética negativa*. Rio de Janeiro: Zahar, 2009 [Trad. de Marco Antonio Casanova].

_____. *As estrelas descem à Terra: a coluna de astrologia do* Los Angeles Times – Um estudo sobre superstição secundária. São Paulo: Edunesp, 2008 [Trad. de Pedro Rocha de Oliveira].

_____. *Current of Music* – Elements of a Radio Theory. Frankfurt a. M.: Suhrkamp, 2006.

_____. *Lições de sociologia*. Lisboa: Ed. 70, 2004 [Trad. de João Tiago Proença e de Manuel S. de Oliveira].

_____. *Notas de literatura I*. São Paulo: Duas Cidades/Ed. 34, 2003 [Trad. de Jorge de Almeida].

_____. "Carta a Thomas Mann, de 5 de julho de 1948". *Folha de S. Paulo* – Caderno Mais!, 10/11/2002.

_____. *Problemas of Moral Philosophy*. Stanford: Stanford University Press, 2001.

_____. *Atualidade da filosofia*. Piracicaba: Unimep, 2000 [inédito] [Trad. de Bruno Pucci e Newton Ramos-de-Oliveira].

_____. "Experiências científicas nos Estados Unidos". *Palavras e sinais*: modelos críticos. 2. ed. Petrópolis: Vozes, 1995, p. 137-178 [Trad. de Maria H. Ruschel].

_____. *Educação e emancipação*. São Paulo: Paz e Terra, 1995 [Trad. de Wolfgang Leo Maar].

_____. "Tempo livre". *Palavras e sinais*. Petrópolis: Vozes, 1995, p. 70-82 [Trad. de Maria Helena Ruschel].

_____. *Minima moralia* – Reflexões a partir da vida danificada. São Paulo: Ática, 1992 [Trad. de Luiz Eduardo Bicca].

_____. *Actualidade de la filosofía*. Barcelona: Paidós/I.C.E.-U.A.B., 1991 [Intr. de Antonio Aguilera].

_____. "Sobre música popular". In: COHN, G. *Theodor W. Adorno*: sociologia. São Paulo: Ática, 1986, p. 115-147 [Trad. de Flávio Kothe].

_____. "A indústria cultural". In: COHN, G. (org.). *Theodor W. Adorno*. São Paulo: Ática, 1986, p. 92-99 [Coleção Grandes Cientistas Sociais] [Trad. de Amélia Cohn].

_____. "Crítica cultural e sociedade". In: COHN, G. (org.). *Theodor W. Adorno*. São Paulo: Ática, 1986, p. 76-91 [Coleção Grandes Cientistas Sociais] [Trad. de Flávio R. Kothe].

_____. "Educação após Auschwitz". In: COHN, G. (org.). *Theodor W. Adorno*. São Paulo: Ática, 1986, p. 33-45 [Coleção Grandes Cientistas Sociais] [Trad. de Aldo Onesti].

_____. "The Radio Symphony: an Experiment in Theory". In: LAZARSFELD, P. & STANTON, F. (eds.). *Radio Research*, 1941, p. 110-139.

ADORNO, T.W. et al. *The authoritarian personality*. Nova York: Harper & Brothers, 1950.

ADORNO, T.W. & HORKHEIMER, M. *Dialética do esclarecimento*: fragmentos filosóficos. 2. ed. Rio de Janeiro: Zahar, 1986 [Trad. de Guido Antonio de Almeida].

_____. "A indústria cultural, o esclarecimento como mistificação das massas". *Dialética do esclarecimento*: fragmentos filosóficos. Rio de Janeiro: Zahar, 1986 [Trad. de Guido Antonio de Almeida].

BUCK-MORSS, S. *Origen de la dialectica negativa*: Theodor W. Adorno, Walter Benjamin y El Instituto de Frankfurt. Madri: SigloVeintiuno, 1981 [Trad. de Nora R. Maskivker].

CARONE, I. "Indústria cultural e indústrias culturais: alguns apontamentos". *Impulso* – Revista de Ciências Sociais e Humanas, vol. 23, n. 57, mai.-set./2013, p. 9-17.

_____. "A face histórica de 'on popular music'". *Constelaciones* – Revista de Teoria Crítica, n. 3, dez./2011, p. 148-178.

_____. *A personalidade autoritária*: estudos frankfurtianos sobre o fascismo, 2002 [Disponível em https://pt.scribd.com/doc/63771290/A-PERSONALIDADE-AUTORITA-RIA – Acesso em 17/10/2014].

CLAUSSEN, D. *Theodor W. Adorno* – Einleztes Genie. Franfkfurt am Main: Fischer, 2003.

DUARTE, R. "Apresentação à edição brasileira". In: ADORNO, T.W. *As estrelas descem à Terra: a coluna de astrologia do* Los Angeles Times – Um estudo sobre superstição secundária. São Paulo: Edunesp, 2008, p. 11-28 [Trad. de Pedro Rocha de Oliveira].

DUSSEL, E. *El último Marx (1863-1882) y la liberación latino-americana.* México: Siglo Veinteuno, 1990.

GINZBURG, C. *Mitos, emblemas, sinais*: morfologia e história. São Paulo: Companhia das Letras, 1999 [Trad. de Federico Carotti].

LASTÓRIA, L.A.C.N. *Psicologia sem ética?* – Uma reflexão histórica e filosófica da Psicologia. Piracicaba: Unimep, 2004.

LONITZ, H. *Theodor W. Adorno and Walter Benjamin*: the complete correspondence 1928-1940. Cambridge, Mas.: Harvard University Press, 1999 [Trad. de Nicholas Walker].

RUSCHEL, M.H. "Glossário". In: ADORNO, T.W. *Palavras e sinais:* modelos críticos. 2. ed. Petrópolis: Vozes, 1995, p. 237-253 [Trad. Maria H. Ruschel].

SHEWEPPENHÄUSER, G. A filosofia moral negativa de Theodor W. Adorno. In: "Dossiê Adorno e a educação". *Educação e Sociedade*, vol. 24, n. 83, 2003. Campinas: Cedes-Unicamp.

TÜRCKE, C. "Pronto-socorro para Adorno – Fragmentos introdutórios à *Dialética negativa*". In: ZUIN, A.A.S.; PUCCI, B. & OLIVEIRA, N.R. (orgs.). *Ensaios frankfurtianos*. São Paulo: Cortez, 2004.

WIGGERSHAUS, R. *A Escola de Frankfurt*: história, desenvolvimento teórico, significação política. Rio de Janeiro: Difel, 2002 [Trad. de Lilyane Deroche-Gurgel].

SOBRE OS AUTORES

Antônio A.S. Zuin: professor-associado do Departamento de Educação e do Programa de Pós-Graduação em Educação da UFSCar. Pesquisador CNPq 1 B. Assessor Fapesp. Coordenador do Grupo de Pesquisa Teoria Crítica e Educação. Professor-visitante do Departamento de Educação da Universidade de York, Inglaterra. Autor de vários livros, capítulos de livros e artigos em periódicos nacionais e internacionais, com destaque para: *Violência e tabu entre professores e alunos: a internet e a reconfiguração do elo pedagógico* (Cortez, 2012) e *Escritos de Teoria Crítica e educação: contribuições do Brasil e Alemanha*, organizado por Luiz A. Calmon Nabuco Lastória, Antônio A.S Zuin, Luiz Roberto Gomes e Andreas Gruschka (Nankin, 2015).

Bruno Pucci: professor titular da Unimep. Coordenador do Grupo de Pesquisa Teoria Crítica e Educação – Unimep. Pesquisador do CNPq, nível 1B. Tem experiência de estudos e de orientação na área de Educação, com ênfase em Filosofia da

Educação, principalmente nos seguintes temas: Teoria Crítica e educação, Estética e educação, Novas tecnologias e educação, Educação a distância. Publicou inúmeros artigos em periódicos científicos qualificados, livros e capítulos de livros, com destaque para: *Adorno: o poder educativo do pensamento crítico* (Vozes) (em parceria com Antônio Zuin e Newton Ramos-de-Oliveira) e *Teoria Crítica na Era Digital: desafios* (Nankin) (organizado por Bruno Pucci, Renato Franco e Luiz Roberto Gomes).

Luiz A. Calmon Nabuco Lastória: doutor em Psicologia pela Universidade de São Paulo (1999). Realizou estágios pós-doutorais junto à J.W. Goethe Universität, Frankfurt am Main e junto à Universitat dês les Illes Balears, Palma de Mallorca. Atua como professor em regime de dedicação integral (RDI-DP) na Universidade Estadual Paulista Júlio de Mesquita Filho (Unesp – Araraquara), junto ao Departamento de Psicologia da Educação da Faculdade de Ciências e Letras. Integra os programas de estudos pós-graduados em Educação Escolar e Educação Sexual. Coordena o Grupo de Estudos e Pesquisas Teoria Crítica: tecnologia, cultura e formação (CNPq). Pesquisador-associado ao Grupo de Estudos e Pesquisas Teoria Crítica e Educação (CNPq). Organizou e publicou várias obras, no Brasil e no exterior, com destaque para as seguintes: *Zur Lage der Bildung Kritische Diagnosen aus Deutschland und Brasilien* (Varbara Budrich, 2015); *Psicologia sem ética? – Uma reflexão histórica e filosófica da Psicologia* (Unimep, 2004); *Experiência formativa e emancipação* (Nankin, 2009).

COLEÇÃO 10 LIÇÕES
Coordenador: *Flamarion Tavares Leite*

– *10 lições sobre Kant*
  Flamarion Tavares Leite
– *10 lições sobre Marx*
  Fernando Magalhães
– *10 lições sobre Maquiavel*
  Vinícius Soares de Campos Barros
– *10 lições sobre Bodin*
  Alberto Ribeiro G. de Barros
– *10 lições sobre Hegel*
  Deyve Redyson
– *10 lições sobre Schopenhauer*
  Fernando J.S. Monteiro
– *10 lições sobre Santo Agostinho*
  Marcos Roberto Nunes Costa
– *10 lições sobre Foucault*
  André Constantino Yazbek
– *10 lições sobre Rousseau*
  Rômulo de Araújo Lima
– *10 lições sobre Hannah Arendt*
  Luciano Oliveira
– *10 lições sobre Hume*
  Marconi Pequeno
– *10 lições sobre Carl Schmitt*
  Agassiz Almeida Filho
– *10 lições sobre Hobbes*
  Fernando Magalhães
– *10 lições sobre Heidegger*
  Roberto S. Kahlmeyer-Mertens
– *10 lições sobre Walter Benjamin*
  Renato Franco
– *10 lições sobre Adorno*
  Antonio Zuin, Bruno Pucci e Luiz Nabuco Lastoria
– *10 lições sobre Leibniz*
  André Chagas
– *10 lições sobre Max Weber*
  Luciano Albino

CATEQUÉTICO PASTORAL

Catequese – Pastoral
Ensino religioso

CULTURAL

Administração – Antropologia – Biografias
Comunicação – Dinâmicas e Jogos
Ecologia e Meio Ambiente
Educação e Pedagogia
Filosofia – História – Letras e Literatura
Obras de referência – Política – Psicologia
Saúde e Nutrição – Serviço Social e Trabalho
Sociologia

TEOLÓGICO ESPIRITUAL

Biografias – Devocionários
Espiritualidade e Mística
Espiritualidade Mariana – Franciscanismo
Autoconhecimento – Liturgia
Obras de referência
Sagrada Escritura e Livros Apócrifos – Teologia

REVISTAS

Concilium – Estudos Bíblicos
Grande Sinal
REB – SEDOC

VOZES NOBILIS

Uma linha editorial especial, com importantes autores, alto valor agregado e qualidade superior.

PRODUTOS SAZONAIS

Folhinha do Sagrado Coração de Jesus
Calendário de mesa do Sagrado Coração de Jesus
Agenda do Sagrado Coração de Jesus
Almanaque Santo Antônio – Agendinha
Diário Vozes – Meditações para o dia a dia
Encontro diário com Deus – Guia Litúrgico

VOZES DE BOLSO

Obras clássicas de Ciências Humanas em formato de bolso.

CADASTRE-SE
www.vozes.com.br

EDITORA VOZES LTDA.
Rua Frei Luís, 100 – Centro – Cep 25689-900 – Petrópolis, RJ
Tel.: (24) 2233-9000 – Fax: (24) 2231-4676 – E-mail: vendas@vozes.com.br

UNIDADES NO BRASIL: Belo Horizonte, MG – Brasília, DF – Campinas, SP – Cuiabá, MT
Curitiba, PR – Florianópolis, SC – Fortaleza, CE – Goiânia, GO – Juiz de Fora, MG
Manaus, AM – Petrópolis, RJ – Porto Alegre, RS – Recife, PE – Rio de Janeiro, RJ
Salvador, BA – São Paulo, SP